영화비평과 정신분석

아모르문디 영화 총서 16

영화비평과 정신분석

초판 펴낸 날 2021년 9월 10일

지은이 | 김소연
펴낸이 | 김삼수
편   집 | 김소라
디자인 | 최인경

펴낸곳 | 아모르문디
등   록 | 제313-2005-00087호
주   소 | 서울시 마포구 성미산로13길 87 201호
전   화 | 0505-306-3336 팩 스 | 0505-303-3334
이메일 | amormundi1@daum.net

ISBN 979-11-91040-10-4 94680
ISBN 978-89-92448-37-6(세트)

아모르문디 영화 총서·16
Amormundi Film Books

영화비평과 정신분석

김소연 지음

아모르문디

'아모르문디 영화 총서'를 시작하며

영화가 탄생한 것은 1895년의 일입니다. 서구에서 영화에 대한 이론적 담론은 그로부터 한참 뒤인 1960년대에야 본격화되었습니다. 한국에서는 1980년대 후반의 일이었습니다. 대학원에 영화학과가 속속 생겨나면서 영화는 비로소 학문의 영역으로 들어왔고 연구자들에 의해 외국 서적들이 번역·소개되기 시작했습니다. 1990년대 중반까지만 해도 외국어로 된 책을 가지고 동아리 모임이나 대학원에서 함께 공부하고 토론했던 기억이 새롭습니다. 매일 선배나 동료들에게 애걸복걸하며 빌리거나 재복사를 한, 화면에 비가 내리는 비디오테이프를 두세 편씩 보고서야 잠이 들고 다른 언어로 된 이론서를 탐독하며 보냈던 시절은 어느덧 지나간 듯합니다. 이제는 구할 수 없는 영화가 없고 보지 못할 영화도 없습니다. 그럼에도 오늘 한국의 영화 담론은 어쩐지 정체되어 있는 듯합니다. 영화 담론의 장은 몇몇 사람들만의 현학적인 놀이터가 되어가고 있는 느낌입니다.

최근 한국의 영화 담론은 이론적 논거는 부실한 채 인상비평만 넘쳐나고 있습니다. 전문 영화 잡지들이 쇠퇴하는 상황에서 깊이 있는 비평과 이해는 점점 더 찾아보기 어려워지고 있습니다. 대학과 현장에서 사용하는 개론서들은 너무 오래전 이야기에 머물러 있고 절판되어 찾아보기 힘든 책들도 많습니다. 인용되고 예시되는 장면도 아주 예전 영화의 장면들입니다. 영화는 눈부신 속도로 발전하고 있는데, 그에 대한 이론적 논의는 그 속도를 따라가지 못하는 형국입니다. 물론 이론적 담론이 역동적인 영화의 발전 속도를 바로바로 따라잡기란 쉽지 않은 일입니다. 그럼에도 당대의 영화 예술에 대한 깊이 있는 이해는 비평적 접근을 통해서만 가능하다고 믿습니다. 이에 뜻을 함께하는 영화 연구자들이 모여 '아모르문디 영화 총서'를 시작하고자 합니다.

'아모르문디 영화 총서'는 작지만 큰 책을 지향합니다. 책의 무게는 가볍지만 내용은 가볍지 않은 영화에 관한 담론들이 다채롭게 펼쳐질 것입니다. 또한 영화를 이미지 없이 설명하거나 스틸 사진 한두 장으로 논의하던 종래의 방식을 벗어나 일부 장면들은 동영상을 볼 수 있도록 기획하였습니다. 예시로 제시되는 영화들도 비교적 최근의 영화들로 선택했습니다. 각 권의 주제들은 독립적이면서도 서로 연관관계를 갖도록 설계했습니다. '아모르문디 영화 총서'는 큰 주제에서 작은 주제들로 심화되는 방향으로 구성되어 있습니다.

정체되어 있는 한국 영화 담론의 물꼬를 트고 보다 생산적인 논의들이 확장되고 발전하는 데 초석이 되었으면 하는 것이 '아모르문디 영화 총서'의 꿈입니다. 영화 담론의 발전이 궁극적으로 영화의 발전을 가져올 것이고 그 영화를 통해 우리의 삶이 더 풍요롭고 의미 있는 것이 되었으면 합니다.

기획위원 김윤아

1장 무의식, 영화를 만나다

1. 그 흑인 소년을 겁낸 이유

미국에서의 어느 날, 어스름이 깔리는 저녁이었습니다. 저는 서둘러 집을 향해 걷고 있었어요. 다른 행인은 하나도 없던 길 저편에서 한 흑인 청소년이 다가왔어요. 그냥 스쳐 지나가기를 바랐건만 소년은 역시나 절 불러 세우더군요. 이미 제 마음속에서는 경계경보가 울리기 시작했지요. 제게 말을 건 소년의 요구는 단순한 것이었어요. 지금 자기가 급히 쓸 일이 있어서 그러니 동전이 있다면 자기 돈과 바꿔달라는 것이었지요. 정말로 찰나의 시간 동안 저는 뇌를 120% 가동시키며 갈등했습니다. 분명 제게는 동전이 있었어요. 하지만 '지갑을 꺼낸 순간 그 지갑은 이미 내 것이 아니게 되리라'는 불길함이 일순간 저를 사로잡았어요. 왠지 겁이 나더라고요. '저 녀석의 주머니에 총이 숨겨져 있을지 누가 알랴', 그런 영화 같은 상상도 잠깐 스쳐갔어요. 제가 뭐라 답했을까요? 간단명료하게 "No." 그렇게 짧은 거짓말로 (상상만의) 위기를 모면하고는 혹여 긴장감을 들킬세라 날 듯이 걸어 그에게서 멀어졌지요.

그날 저는 그렇게 제 지갑을(드라마틱한 상상 속에서는 어쩌면 목숨을?) 지켜냈어요. 하지만 이 일은 쉽게 잊히지 않고 불쑥불쑥 생각나곤 하더라고요. '소수자의 편에 서고자 하는 나'라는 자아상이 그토록 순식간에 무너졌다는 자괴감 탓이었겠지요. 도대체 무엇이 저를 그토록 반사적으로 위축시키고 비겁하게 만들었던 것일까요? 제 인생 전체를 통틀어 볼 때 흑인에게 물리적, 심리적 위해를 입은 적은 단 한 번도 없는데 말입니다. 그러니까 그날의 제 반응은 적어도 '자라 보고 놀란 가슴 솥뚜껑 보고도 놀라서'는 아니었다는 얘기지요.

이런저런 생각 속에서 저는 '영화'의 영향력을 떠올리지 않을 수 없었어요. 아직은 흑백 TV이던 시절, 텔레비전에서는 주말에 굉장히 많은 고전 할리우드 영화들을 틀어주었어요. 극장이 학생 출입금지 시설이었던 당시에 텔레비전으로나마 영화를 보는 즐거움은 정말 달콤하고 짜릿했지요. 그것이 비록 흑백으로 촬영된 1930~50년대의 낡은 영화였더라도 감지덕지했을 만큼 말이지요. 그렇게 저희 세대는 40~50년 전 미국 대중문화의 지체된 수용자가 되었어요. 현실에서는 이미 할머니 할아버지가 되어 있을 할리우드 배우의 전성기 모습을 보고 반해 시차를 무시하고 팬이 되었고요. 하지만 당시 보았던 할리우드 영화들에선 백인이 인디언을 죽이는 게 정의의 실현이었고 온갖 범죄자나 하층계급 노동자는 으레 흑인이었어요. 그 이후에 제가 본 수많은 할리우드 영화들도 인종적 편견으로부터 완전히 자유롭지는 않았고요. 그러니까 제 마음속 깊숙이 흑인에 대한 두려움을 심어놓은 주범은 다름 아닌 할리우드 영화들이었다고, 생각을 거듭한 끝에 저는 결론을 내리게 되었습니다.

여러분은 제가 왜 『영화비평과 정신분석』의 서두에서 이 얘기를 꺼냈는지 짐작하시겠지요? 저는 방금 "제 마음속 깊숙이"라고 표현했어요. 바로 이 깊숙한 마음을 일컫는 정신분석 용어가 바로 '무의식'이지요. 아마도 무의식의 존재를 부정할 사람은 없을 겁니다. 이 세상에 꿈을 꾸지 않는 사람은 없을 테고, 지그문트 프로이트(Sigmund Freud) 이래로 꿈이 무의식 세계의 표상임은 모두의 상식이 되었으니까요.

하지만 무의식은 신체의 어떤 장기나 뇌의 특정 부분에 부속하는 기관이 아닙니다. 그 존재를 이미지나 데이터로 가시화해서 증명할 수는 없다는 얘기지요. 그래서 인지주의적 영화이론가들처럼 일각에서는 실체가 묘연한 무의식을 탐구의 대상으로 다루는 것에 반대하는 이들도 있는 게 사실이고요. 그러나 앞서 얘기한 저의 부끄러운 일화가 보여주듯, 무의식은 아주 오랫동안 한 사람의 태도와 행동에 심대한 영향을 미치게 됩니다. 게다가 그 영향력은 상당히 장기적이고 결정적이지요. 때로 무의식은 의식적 차원이 가리키는 것과는 전혀 다른 방향에서 작용하기도 합니다. 스스로는 결코 인종주의자가 아니라고 믿었던 제가 어떤 상황 속에서 즉각 인종주의적으로 반응했던 것처럼 말이지요.

특정한 시대, 특정한 사회가 특정한 문화를 구성하고 공유하기 위해 필요한 교육과 훈습은 의식적 차원에서뿐만 아니라 무의식적 차원에서도 끊임없이 이루어지고 있습니다. 영화를 포함한 대중문화가 대중들의 사고와 행동 방식을 형성해나가는 메커니즘 역시 의식적 차원뿐만 아니라 무의식적 차원까지도 포괄하게 되지요. 대중문화를 정신분석적으로 탐구하려는 학자들은 대중문화가 의식적 차원에서 작동하는 방식보다는 무의식적인 차원에서 작동하는 방식에 더욱 관심을 기울일 필요성이 있다고 역설합니다. 그쪽이 대중들의 근원적인 욕망과 사회 변화의 방향을 더욱 잘 알려준다고 여기기 때문이지요.

의식의 수준에서 이루어지는 의미의 생산은 직접적으로 명료하게 이해하고 논의할 수 있습니다. 하지만 무의식의 수준에서 의미가 만들어지고 유통되는 방식과 과정은 간접적이고 모호하게 접근할 수밖에 없다는 게 특징이지요. 예를 들어 누군가가 당신에게 '나는 네가 좋다'고 대놓고 얘기하는 경우와 누군가가 당신을 볼 때마다 그저 미소만을 짓는 경우를 비교해봅시다. 적어도 거짓말이 아니라면 전자의 진술이 뜻하는 바는 명확하지요. 그러나 후자의 은근한 태도는 당신이 간파하기 힘든 어떤 것이에요. 그 사람이 나를 좋아해서 미소 짓는 것인지 혹은 나를 싫어하는 감정을 짐짓 감추기 위해 미소 짓는 것인지, 아니면 그저 늘 그런 표정의 사람인 것인지 정확히 확신할 수 없기 때문이지요. 심지어는 미소를 짓는 사람 자신조차도 그 미소가 어떠한 욕망에서 나왔는지를 모를 때도 있겠지요.

문득 요사이 유행하는 '썸을 탄다'는 표현이 생각나네요. 실상 모든 의미작용(signification)은 그러한 모호함으로서의 '썸'을 내장하고 있어요. 그 썸을 설득력 있게 특정 의미에 정박시키고 분석하기 위해서는 어떠한 무의식적 욕망이 그 썸에서 작동하고 있는지를 이해해야 합니다. 개인을 대상으로 그러한 과제를 수행하는 것이 통상의 정신분석 임상이라면, 영화나 문화적 산물을 대상으로 대중의 무의식을 분석하는 것이 바로 정신분석적 비평이지요.

물론 인간의 무의식은 굉장히 난해하고 복잡한 경로를 통과하여 드러납니다. '나는 네가 좋다'라고 명료하게 말했다 하더라도 왜 그처럼 '좋다'는 감정을 느꼈는지, 그 감정 이면에 있는 무의식적 욕망의 동기는 무엇인지를 또다시 캐물어 봐야겠지요. 그래서 '무의식에 억압되어 있는 이러저러한 욕망이 이러저러한 태도와 행동의 원인이 되었다'는 진단에 이르기까지 정신분석가와 함께 분석 주체(환자)는 때로는 몇 년을 두고 지난한 분석의 과정을 거치게 됩니다. 개인에 대한 분석조차 이러할진대 하물며 대중의 무의식을 들여다보려 할 때 그 과정은 또 얼마나 복잡하고 난해할까요? 그럼에도 불구하고 그러한 분석이 가능하다는 대전제 아래 정신분석적 관점에서의 대중문화(영화) 연구는 꾸준히 이어져오고 있습니다. 사회 구성원들이 말하고 생각하는 방식을 이데올로기라고 부른다는 의미에서 우리는 그러한 대중문화 비평을 이데올로기 비평이라고 부르기도 하지요. 그 구체적인 내용과 발전사에 관해서는 2장에서 자세히 살펴보고자 합니다.

2. 모건 프리먼 없인 오바마도 없다

이제 우리의 관심사인 영화와 정신분석의 관계로 논의의 범위를 좁혀봅시다. 저는 아까 흑인에 대한 저의 무의식적 의혹과 기피가 할리우드 영화들을 많이 접한 탓일 것이라고 분석했습니다. 물론 영화를 보기 전에 '이런저런 영화를 보면 이런저런 편견이 생길 터이니 주의하자'라거나 '그러니 아예 보지 말자'는 생각을 앞세우는 사람은 거의 없을 겁니다. 대다수의 사람들은 영화를 고를 때 그저 '재미가 있을까, 없을까'만을 고려하게 마련이니까요. 설령 그 영화가 어떤 편견을 조장하는 게 사실이더라도 자신은 결코 그런 것에 흔들리지 않을 사람이라고 자신하기도 할 테고요.

하지만 영화사를 돌이켜보면 아주 초기부터 영화가 사회

D. W. 그리피스 감독의 〈국가의 탄생〉, 1915.

구성원에게 (악)영향을 미친 극적인 사례를 쉽게 찾아낼 수 있습니다. 예를 들면 〈국가의 탄생(The Birth of a Nation)〉(1914)이 그러한데요. 이 영화는 2시간 정도의 장편 극영화가 영화산업에서 자리를 잡는 계기가 되었을 뿐만 아니라 씬(scene)이 아니라 숏(shot)이 영화 문법의 기본 단위가 되게 만든, 기념비적인 의미가 있는 작품입니다. 하지만 이데올로기적으로 보면 〈국가의 탄생〉은 다분히 문제가 있는 영화였습니다. 인종주의적 백인들의 비밀 결사체인 KKK단의 대장이 흑인 지도자에게 잡혀 있는 여주인공을 구해낸다는 이야기였으니까요. 남북 전쟁이라는 역사적 배경과 허구적인 로맨스를 섞은 이 영화는 당시 전무후무한 흥행 결과를 낳았습니다. 어이없게도 그 이후에 KKK단은 〈국가의 탄생〉을 신입 회원 모집용 영화로 활용했다고 하지요.

우리의 눈을 좀 더 최근으로 돌려볼까요? 미국에서 오바마 대통령이 당선되었을 때 많은 사람들은 최초의 흑인 대통령이 탄생했다는 사실에 몹시 고무되었습니다. 그렇다면 미국 사회의 어떠한 변화가 흑인 대통령 시대의 출범을 가능하게 했을까요? 그 역사적, 정치적 맥락을 구체적으로 논하는 것은 저의 역량을 벗어납니다. 다만 영화 연구자로서 저는 이런 얘기를 꺼내보고 싶네요. 당시 오바마 대통령의 당선은 몇몇 할리우드 영화를 즉각 떠올리게 했다는 사실 말이지요. 영화들에서 이미 영웅적인 흑인 대통령을 경험했다는 것은 현실에서 흑인 대통령이 탄생하는 것에 대한 심리적 저항감을 상당 부분 덜어주었으리라 짐작됩니다. 심지어 아주 '자연스럽게' 여겨질 수도 있었겠지요.

여러분도 많이들 보셨을 〈딥 임팩트(Deep Impact)〉(1998)

〈딥 임팩트〉, 1998.

는 흑인 대통령의 존재를 각인시킨 대표적인 영화입니다. 운석 충돌로 인한 지구 멸망의 위기를 다룬 이 영화에서 그러한 사태에 지혜롭게 대처하는 미국 대통령 역할은 모건 프리먼(Morgan Freeman)이 맡았습니다. 주로 듬직하고 잘생긴 백인 남성이 대통령 역을 맡던 1990년대에 이 영화는 구습의 허를 찌르듯 흑인 대통령의 리더십을 잘 보여주었습니다. 게다가 그 대통령은 누구보다도 믿음직하고 책임감 있는 모습으로 감동을 준 캐릭터였고요. 〈딥 임팩트〉는 세계 극장가를 휩쓴 블록버스터급 영화였고 그런 만큼 파급력 또한 세계적이었습니다. 그러니까 세계인들은 적어도 이 영화를 통해 흑인 대통령의 존재를 이미 한번 시뮬레이션해 보았던 셈이지요.

〈딥 임팩트〉 이후, 인기 드라마였던 〈24시 시즌1〉(2001)이나 코미디 영화 〈헤드 오브 스테이트〉(2003)에도 흑인 대통령이 등장합니다. 당연히 악역이 아니라 참된 정치인의 모습이었지요. 안방극장이나 스크린에 다른 흑인 대통령이 등장하자 모건 프리먼은 〈브루스 올마이티(Bruce Almighty)〉(2003)에서 아예 '하느님' 캐릭터로 격상되더군요. 하물며 신마저 흑인일 수 있는데 대통령이 흑인인 정도는 그다지 대단스러운 일도 아니라는 생각이 어쩌면 이 영화 이후 암암리에, 무의식적으로 퍼져나가지 않았을까요?

이처럼 대중문화 생산물들은 기본적으로는 대중들의 생각을 거스르지 않고자 노력하지만 동시에 대중들에게 새로운 생각의 지평을 열어주기도 합니다. 헤게모니적인 담론과 대안 담론이 미묘하게 경쟁적으로 공존하는 장이 바로 대중문화의 장이기 때문이지요. 실제로 오바마 대통령 당선 직후 '흑인 대통령 탄생에 기여한 할리우드'라는 제하의 언론 반응도 제법 나왔습니다. 만일 할리우드가 흑인 대통령이 아니라

<브루스 올마이티>, 2003.

여성 대통령을 시뮬레이션해 봤다면 2008년 미국 대선의 결과는 어떻게 되었을까요? 역사에는 가정이 없다지만 참으로 궁금한 일입니다. 그런데 〈신비한 동물사전(Fantastic Beasts and Where to Find Them)〉(2016)에서는 아예 흑인 여성 대통령이 등장합니다. 이처럼 이례적인 캐스팅이 계속 이루어지고 그 영화가 흥행에도 성공한다면 언젠가는 흑인이며 동시에 여성인 후보가 미국 대통령으로 당선되는 현실도 도래할 겁니다.

여기서 다시금 짚고 넘어갈 점이 있습니다. 대중문화로서 영화의 영향력은 의식적으로 작용하는 동시에 무의식적으로도 작용하기 때문에 더욱 막강할 수 있다는 것입니다. 〈딥 임팩트〉를 보고 나서 '모건 프리먼이 맡은 대통령 캐릭터를 보니 앞으로 흑인을 대통령으로 뽑아도 괜찮겠어'라고 다짐하게 된 사람은 물론 없었을 겁니다. 그런 이가 있더라도 '허구와 현실을 구분하지 못하냐'는 통박이나 들었겠지요. 하지만 현실에서 흑인 대통령 후보가 나왔을 때, 흑인 대통령의 존재를 허구적으로나마 접했던 사람과 그렇지 않은 사람의 반응은 다를 수 있습니다. 여기서 핵심은 이러한 반응의 차이가 '자기 자신도 모르게', 즉 무의식적으로 만들어진다는 점입니다. 이것이 바로 정신분석이 대중문화 분석의 방법론으로서 의미 있게 다루어져야 하는 이유입니다. 오늘날 많은 대중문화 연구자들은 우리가 말하고 생각하는 방식을 지배하는 이데올로기가 이처럼 무의식적으로 작동한다는 점에 주목하고 있습니다.

2장 프로이트, 이미지를 만나다

1. 고대 상형문자와 신비한 글쓰기 판의 비유

주위를 둘러보세요. 얼마나 많은 영상물들이 우리를 감싸고 있는지요! 오늘날 우리는 영화와 애니메이션, 게임을 비롯한 수많은 영상물의 홍수 속에서 살고 있습니다. 극장에서나 텔레비전으로만 영상 이미지를 접하던 시대도 진즉 끝났지요. 이제 영상물은 고층 건물 벽에서도 볼 수 있고 작은 휴대전화 화면으로도 볼 수 있게 되었어요. 어쩌면 조만간 〈해리포터〉가 보여주었던, 움직이는 영상을 곧바로 보여주는 신문이나 책이 등장할 날도 머지않은 듯하네요.

일찍이 거리의 광고판조차도 그냥 지나치지 않고 근대(인)을 사로잡을 시각문화의 중요한 요소임을 간파한 이가 있었습니다. 나치즘의 시대를 살아갔던, 그로 인해 결국 불행한 죽음을 맞아야 했던 유태인 철학자 발터 벤야민(Walter Benjamin)이 그 사람입니다. 그는 '카메라'를 무기로 압도해 오는 동시대 영화와 사진의 경이로운 능력을 접하면서 '광학적 무의식'이라는 개념을 만들어냈지요. 너무 빠르고 너무 작고 너무 분산되어 있는 것들, 즉 육안으로는 결코 볼 수 없는 것들을 고속촬영이나 확대 등이 가능한 카메라 테크놀로지에 힘입어 볼 수 있게 되었다는 점이 벤야민을 고무시켰습니다. 마치 정신분석이 무의식의 세계를 알려주었듯이 사진적 테크놀로지가 '광학적 무의식'의 세계를 보여주게 되었다며 경탄했지요.

그런데 이미지를 정신분석의 대상으로 취급한 것은 사실 벤야민이 처음은 아니었습니다. 애초에 정신분석의 선구자인 프로이트도 이미지를 중요한 분석 대상으로 삼았으니까요. 꿈의 분석에 관심을 두었던 정신분석은 언어와 이미지 같은 표상(Vorstellung)의 구성과 해석을 통해 무의식을 알 수 있다는 전제 위에서 탄생했습니다. 따라서 프로이트는 그림이나 조각, 꿈의 이미지 등이 화가나 조각가, 꿈꾼 사람의 무의식을 드러낸다고 보았지요. 그런데 프로이트는 정신분석의 이러한 메커니즘을 설명하는 과정에서도 독자가 쉽게 이해할 수 있도록 이미지적인 비유나 상상을 매개로 활용했어요. 따라서 여기서는 프로이트의 그러한 시각적 상상들을 먼저 다룬 다음, 그가 실제로 미술작품들을 어떻게 분석하는지를 살펴보기로 하겠습니다.

프로이트의 정신분석이 시각적 차원에 기울이는 관심을 가장 우선적이고도 지대하게 보여주는 것은 무엇보다도 꿈 분석의 영역일 것입니다. 다들 알다시피 무의식은 손에 잡히는 실체가 없는 개념이에요. 그렇다고 해서 무의식은 없는 것이라고 주장할 수는 없지요. 무엇보다도 꿈이라는 현상이 있어서 무의식의 존재를 부인할 수 없게 해주니까요. 꿈을 꾼다는 것을 프로이트의 언어로 바꿔 말하면 '의식적이거나 무의식적인 공상(환상)을 재료로 삼아 이루어지는 잠재적 꿈-사고를 꿈-내용으로 변형하는 꿈-작업의 과정'이라고 요약할 수 있어요. 이때 꿈-내용을 이루는 심리적 재료는 회화와 조각 같은 조형예술과 유사한 것이지요.

그래서 프로이트는 꿈을 '그림 수수께끼'라고 불렀어요. 꿈-작업이란 그러한 수수께끼가 만들어지는 과정인데요. 프로이트는 꿈-작업이 네 가지 방식으로 이루어진다고 보았어요. 압축, 전치(이동), 묘사 가능성(형상화)에 대한 고려, 2차 가공이 그것이지요. 압축이란 하나의 표상이 여러 연상의 교차점에서 그 연상들을 대표하는 것이고, 전치(이동)란 어떤 표상의 악센트, 흥미, 강도가 연상의 사슬로 연결되어 있는 다른 표상으로 이동하는 것, 묘사 가능성(형상화)의 고려란 꿈-사고를 시각적 형상들로 표현할 수 있도록 선택하고 변형하는 것, 2차 가공이란 꿈-작업의 2차 시기, 즉 꿈을 꾸는 이가 각성 상태에 접근할 때 꿈을 좀 더 일관성 있고 이해 가능하도록 손질하는 것을 뜻합니다. 이 중에서도 특히 이미지와 연관된 과정이 바로 묘사 가능성에 대한 고려, 즉 꿈-형성의 작업이라는 것은 금방 아시겠지요?

흥미롭게도 프로이트는 바로 이 꿈-작업에서의 '묘사'를 고대의 상형문자로 쓰는 글에 비유했습니다. 정신분석이란 상형문자처럼 일종의 그림으로 상징화된 꿈-내용을 꿈-사고의 언어로 옮겨놓고 이해해나가는 해독의 과정이라는 것이지요.

프로이트는 꿈-사고가 반드시 창조적일 필요는 없다고 보았어요. 이미 완성되어 사용될 수 있는 형성물 역시 꿈-사고의 재료로 활용될 수 있다는 것이지요. 앞에서도 언급했지만 그 대표적인 재료가 바로 의식적, 무의식적 공상입니다. 꿈의

고대 이집트 상형문자

낮 버전인 백일몽도 여기에 해당됩니다. 꿈이나 백일몽은 모두 '소원 성취'라는 목표를 추구한다는 공통점을 갖고 있어요. 사람들은 현실에서 이루기 힘든 소원을 꿈을 통해 실현하고자 하는 것이지요. 다음 장에서 나오겠지만 1970년대를 풍미한 대이론(Theory)으로서의 영화이론도 (상업)영화가 이러한 가짜 소원 성취를 도모하는 백일몽으로서 기능함을 비판하기 위해 발전했던 것입니다.

상형문자의 비유 외에 프로이트가 정신분석을 이미지로 표현하기 위해 사용한 또 다른 시각적 비유로는 '신비스런 글쓰기 판'(Wunderblock)이 있습니다. 이 글쓰기 판의 맨 위층은 셀룰로이드이고 아래층은 밀초 평판을 덮고 있는 얇고 반투명한 밀랍 종이로 되어 있으며 맨 위에 철필로 글을 쓰면 그 셀룰로이드 위에 검은 필체가 눌려 나타나게 되어 있어요. 언제든 쓴 것을 쉽게 지워내고 그 위에 새로운 글을 쓸 수 있도록 설계되어 있지요. 아마 여러분도 어린 시절 이런 장난감을 갖고 논 적이 있을 겁니다.

프로이트는 이 글쓰기 판의 구조에 지각 의식의 조직과 그 조직 뒤에 있는 기억 조직의 구조를 대입했어요. 밀랍 종이가 지각-의식의 자극을 외부로부터 받아들이는 조직이라면 셀룰로이드는 그 자극에 대한 방어적 방패 역할을 하는 층이고 밀초 평판은 밀랍 종이 뒤의 무의식을 가리킨다고 설명했지요. 여기서 셀룰로이드에 글자가 나타났다가 사라지는 것은 지각의 과정에서 의식이 피어오르고 소멸하는 것에 상응합니다.

신비한 글쓰기 판

물론 그 소멸의 과정에서 글씨가 완전히 지워질 수 있는 것이 아니고 어떤 식으로든 밀초 평판에 약간이나마 저장될 수밖에 없는 구조이지요. 프로이트는 이 과정에 대해 "마치 무의식이 '지각-의식'의 조직을 매개로 해서 외부세계를 향해서 더듬이를 뻗쳤다가 그곳에서 오는 자극의 견본을 채취하는 순간 얼른 그것을 철회하는 것과 같다"고 기술했어요. 이 글쓰기 판의 비유는 프로이트의 제1지형학(topography)인 무의식, 전의식, 의식의 구조를 떠올리게 합니다. 밀초 평판을 무의식으로, 밀랍 종이를 전의식으로 볼 수 있고, 셀룰로이드는 의식에 해당하겠지요.

　이러한 구조를 프로이트는 다음과 같은 그림으로도 표현했어요. 이 그림은 어떻게 주체가 지각에 의한 외부 자극을 기억하는 과정에서 그 일부를 무의식에 남겨놓은 채 그 자극을 외부로의 운동으로 바꾸게 되는지를 잘 보여주지요. 이를테면 한 편의 영화를 보는 경우를 생각해볼까요? 관객은 일차적으로 시청각적 자극을 받아들일 것이고(지각 조직) 그것을 기억할 것이며(기억 조직) 그러한 일련의 과정 속에서 영화의 어떤 측면을 무의식에 저장하게 되겠지요(무의식 조직). 그러다가 특정한 상황 속에서 그러한 무의식이 건드려지는 순간, 무의식에 저장된 것은 다시 전의식을 거쳐 현실 속에서 모종의 행동으로 나타나게 되겠지요(운동성 조직).

지금까지 프로이트가 어떻게 정신분석을 시각적 매개들과 함께 설명하려 했는지를 살펴봤는데요. 하지만 프로이트 이후 정신분석 비평을 이해하려 한다면 프로이트가 예술작품을 정신분석의 대상으로 다룬 관점에 대해서도 이해할 필요가 있어요. 물론 프로이트 시대에는 영화가 없었으니 이 책의 관심사인 영화와 직접 관련되는 내용을 프로이트에게서 찾아낼 수는 없습니다. 다만 다음 장에서의 논의를 위해 여기서는 프

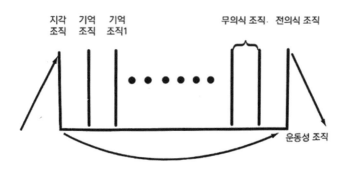

프로이트의 기억과 의식 개념도

로이트가 다 빈치의 회화와 미켈란젤로의 조각을 어떻게 정신분석했는지, 그런 가운데 어떻게 예술가와 예술의 존재 의의를 설명했는지를 아주 간단히 짚고 넘어가볼까 합니다.

2. 다 빈치와 미켈란젤로의 무의식

프로이트는 정신분석가와 더불어 예술가 역시 저 무의식의 저장고를 열어볼 수 있는 존재라고 보았습니다. 예술가에게도 심리적 현실을 통찰할 수 있는 능력이 있다는 겁니다. 이는 예술작업이 무의식적 기억을 상징화한다는 점에서 꿈-작업과 유사하기 때문인데요. 프로이트에 따르면 아름다움의 개념은 성적 흥분에 기원을 두는 것이고, 언어, 예술, 의식(儀式) 등은 모두 이러한 성적 동기, 즉 리비도[성 충동의 기저에 있다고 가정되는 에너지]적 충동을 '승화'시켜 표현한 것입니다. 여기서 예술에서의 승화란 프로이트의 주장에 따르면 성적 호기심이 성기에서 신체 전체로 그 관심을 옮겨갈 때 이루어지는 것으로서 '치유'가 수행되는 과정이기도 한데요. 이러한 치유의 힘이 발생하는 이유는 프로이트가 주장했던 '기억의 치료적 역할'을 예술도 유사하게 수행하기 때문입니다.

알다시피 정신분석은 피분석자의 무의식에 억압된 기억을 상기시키고 재인식시킴으로써 피분석자를 치유하는 활동입니다. 마찬가지로 예술작품은 예술가가 유년기에 억압했던 이미지와 감정을 기억하고 재인식하게 만듦으로써 그 예술가의 성적, 신경증적 동기를 추적할 수 있게 해주는 계기가 됩니다. 이처럼 유년기에 상실한 이미지와 감정을 끌어내 예술작품의 지각 요소로 표현하는 것은 예술가의 창조적 영감에 달려 있는 작업인데요. 그러한 능력의 차이에 따라 프로이트는 평범한 예술가와 천재적 예술가를 구분했어요. 이처럼 예술가의 천재성을 중심으로 예술을 사고한다는 점에서 우리는 프로이트가 예술가를 르네상스적 개인주의의 숭고한 모범에서 파생된 존재로 보는 관점을 따랐음을 확인하게 됩니다.

프로이트의 예술론과 관련해서 한 가지 덧붙이자면 프로이트는 예술가가 어디에서 자신의 창조 능력을 획득하는가에 대해서는 심리학이 관심을 둘 필요가 없다고 여겼다는 점입니다. 다시 말해 그는 예술작품의 미적 측면에 대한 분석을 자신의 과제로 여기지 않았어요. 그의 관심은 오직 분석 대상인 예술작품을 통해 어떻게 그 창작자의 삶 속에서 이루어진 무의식적 억압을 찾아낼 것인가에 있었습니다. 어쩌면 프로이트가 당대 현실에 생존하는 예술가의 작품을 분석하지 않았던 이유도 이와 연관이 있을지 모르겠네요. 아무래도 그 창작자의 삶의 이야기를 온전히 알 수 있을 때라야 특정 작품이 그 작가의 어떤 기억과 연결되어 있는지를 좀 더 충실하게 분석할 수 있을 테니까요.

프로이트가 분석했던 대표적인 이미지로는 레오나르도 다빈치의 회화 작품과 미켈란젤로의 조각 작품이 있습니다. 프로이트는 이 작품들을 통해 작가들의 무의식 세계로 진입하는 작업을 시도했는데요. 그럼 먼저 다 빈치의 얘기부터 시작해볼까요?

프로이트는 1885년 가을 루브르 박물관에서 〈모나리자〉를 감상하게 됩니다. 1898년 9월에는 밀라노의 산타 마리아 델레 그라치에 성당에서 〈최후의 만찬〉도 보게 되고요. 아마도 그것이 굉장히 강한 인상을 남겼던 것 같아요. 몇 년 후 다 빈치에 대한 무려 10권짜리 전기소설을 사들였다고 하니까요. 결국 프로이트는 〈모나리자〉와 〈최후의 만찬〉, 그리고 다 빈치의 전기를 종합한 결과, 난치병 어린이였고 사생아였으며 다른 여자와 결혼한 아버지가 데려가기까지 수년간 친어머니와 살았던 유아기가 그의 작품에 압축되어 있다고 분석하게 됩니다.

프로이트는 "내가 아직 요람에 있었을 때 아주 오래전 기억으로는 독수리 한 마리가 나에게 내려와 꼬리로 나의 입을 열고, 꼬리가 여러 번 나의 입술에 부딪혔던 기억이 난다"는 다 빈치의 회상에 초점을 맞춥니다. 실제 기억이 아니라 꿈이거나 상상일 수도 있을 이 장면이 친어머니에게 강하게 고착된 다 빈치의 사랑을 잘 드러낸다고 본 것이지요. 당시 교회 교부들은 동정녀 마리아를 옹호하기 위해 독수리는 암컷밖에 없다는 이집트인의 생각을 끌어왔고 이 속설이 시중에 널리 퍼져 있었다고 해요. 아마도 그러한 속설의 영향을 받아 다 빈치 역시 자신의 친어머니를 독수리로 상징화했겠지요. 아울러 프로이트는 이 장면에서 독수리의 꼬리는 어머니의 가슴(유두), 그리고 (어머니가 갖고 있으리라고 어린 다 빈치가 상상한) 페니스의 상징이라고 주장합니다. 아버지가 없는 상황에서 다 빈치는 어머니와 심리적으로 에로스적 관계를 맺었으며, 따라서 어머니를 향한 사랑을 배반하지 않기 위해 다른 여인들을 피했다는 것이지요. 그뿐만 아니라 다 빈치는 어머니와의 동일시로 인해 어머니가 사랑할 법한 젊은 남자들에게 어머니와 같은 사랑을 베푸는 동성애자가 될 수밖에 없었다는 것이 프로이트의 설명이었습니다.

그렇다면 다 빈치의 작품들은 그의 삶과 성 정체성을 어떻게 드러내고 있을까요? 프로이트가 보기에 다 빈치 회화에 나오는 여성 인물들의 미소는 젖을 빨리거나 키스하면서 어머니가 보여준 애무를 상징화한 것이었습니다. 특히 〈모나리자〉의 미소는 성생활을 자제하는 부인(어머니)의 극단적 상태, 유혹과 거절, 헌신적 연정과 어떤 낯선 남자를 열망하여 무분별하게 간청하는 성적 도발에 대한 가장 완전한 묘사였다고 프로이트는 평가했어요. 〈성 안나와 성 모자〉에서도 모나리자와 유사한 표정을 발견할 수 있는데 이 또한 같은 맥락에서 특히 어머니와의 관계를 중심으로 다 빈치의 유아기 경험을 압축하는 것이라고 간주했고요.

한편 다 빈치가 아버지의 집에 가서 살게 되었을 때 그 집에는 새어머니인 도나 알비라뿐만 아니라 친할머니인 모나 루치아도 있었어요. 그래서 〈성 안나와 성 모자〉는 계모와 친

레오나르도 다 빈치, 〈모나리자〉(1503)와 〈성 안나와 성 모자〉(1508)

할머니의 보살핌을 받던 장면에 착안해서 그려진 것이라고 짐작되곤 했지요. 하지만 프로이트의 생각은 달랐어요. 그는 다 빈치가 이 그림에서 어머니와 할머니가 아니라 어머니가 둘인 소년을 그렸다고 보았어요. 성 안나가 마리아의 어머니임에도 불구하고 더 성숙하고 근엄하지만 여전히 아름다운 젊은 여성으로 표현된 이유는 다 빈치에게 그림 속의 성 안나는 그의 생모, 마리아는 계모를 상징화한 것이기 때문이라는 것이지요. 결국 다 빈치의 모든 작품은 어머니에 대한 그의 억압된 사랑의 기억을 알려주는 매개였다는 얘기입니다.

지금까지의 분석에서 알 수 있듯 프로이트는 다 빈치의 그림 분석에서 형태적 구성, 인체 해부, 원근법, 선과 명암법 등

전통적 도상학의 맥락에서 작가가 성취한 업적에는 전혀 관심을 주지 않았어요. 오직 작가의 유년기 기억만이 논의의 초점이었지요. 이것이 바로 프로이트의 예술작품 분석을 흔히 '전기적 비평'이라고 부르는 이유입니다.

자, 이제 〈모세〉 상과 미켈란젤로의 정신분석적 관계로 넘어가볼까요? 프로이트는 1901년 최초로 로마에서 미켈란젤로의 〈모세〉 상을 보았다고 합니다. 1912년 다섯 번째로 로마에 방문했을 때에는 아내에게 자신이 매일 〈모세〉 상을 보러 간다고 편지했다는군요. 그가 얼마나 이 작품에 심취했는지를 잘 알 수 있지요. 그렇다면 과연 이 조각의 어떤 점이 프로이트의 마음을 그토록 잡아끈 걸까요?

프로이트의 질문은 이런 것이었어요. 과연 미켈란젤로는 이 조각에서 시대를 초월한 인물상을 묘사하고자 했던가, 아니면 시나이 산으로 돌아온 이후의 모세를 묘사하고자 했던가? 미술사학자들은 이 조각이 모세가 시나이 산에 다시 돌아와 십계명을 던지기 직전의 모습이라고 판단했어요. 배교의 죄악을 범하고 우상 주위를 맴돌며 춤을 추는, 타락한 동족의 모습을 보고 충격에 사로잡힌 모세가 화를 내며 자리를 박차고 일어나 율법 판을 내던지며 복수를 완성하려는 순간을 포착한 모습이라고요.

그러나 프로이트는 〈모세〉 상이 바로 그 특정한 역사적 순간을 나타냈다고 해석하는 대신 그 조각의 모델이 된 인물의 성격을 해석하는 쪽으로 방향을 틀었어요. 이 조각상이 보여

미켈란젤로, 〈모세〉, 1515.

주는 모세는 십계명을 어기는 동족에게 몹시 실망했으면서도
오히려 복수하려 하지 않고 율법 판을 지켜냈던 모세라는 것
이지요. 그러니까 저 조각상의 모습은 분노를 폭발시키려는
유혹을 이겨내면서도 동시에 경멸감에 빠진 채 고통 속에 앉
아 있는 모세를 보여준다는 것이었어요. 물론 성서가 기록하
는 모세는 저 상황에서 격분하여 율법 판을 던져버렸다고 전
하지요. 그렇다면 르네상스인이었던 미켈란젤로가 성서 속의
모세를 오히려 감정을 잘 절제하는 신중한 성격의 모세로 바
꾸어놓았다는 얘기가 되는데요. 프로이트의 이런 해석은 무
엇에 근거한 것일까요? 프로이트가 직접 의뢰해서 그리게 했

다는 아래 그림을 보며 그의 설명을 들어봅시다.

프로이트는 〈모세〉 상의 오른손 자세, 그리고 십계명이 적힌 두 개의 율법 판의 위치가 의미하는 바에 집중합니다. 조각상의 모세는 손가락 하나로 수염의 일부를 끌어올리듯 들고 있는데요. 프로이트의 추론에 따르면 모세는 율법 판을 들고 있어야 하는 오른손을 뻗쳐 수염 전체를 움켜쥐고 있던 중 어떤 심경의 변화 속에서 오른손을 뒤로 빼다가 한 손가락만이 수염 위에 남게 되었다는 거예요. 그러면 왜 모세는 오른손을 뒤로 빼려 한 것일까요? 프로이트는 모세가 율법 판의 위아래를 거꾸로 해서 들고 있으며 그나마도 율법 판의 모서리를 세워서 간신히 균형을 잡고 있다는 데서 단서를 찾아냅니다. 애초에 모세는 율법 판을 쥐기 용이하게 율법 판의 밑부분을 잡고 쉬고 있었는데 그 이후 어떤 소란으로 인해 머리를 돌려 그 광경을 바라보게 되자 발은 자리를 박차고 일어날 태세로 바뀌고 판을 잡고 있던 손은 긴장이 풀리면서 외부로 표출되려는 분노를 자신의 몸으로 돌리기 위해 수염의 윗부분을 거머쥐게 되었다는 것이지요. 그런데 이때 팔과 가슴 사이에 끼어서 지탱되던 율법 판이 앞쪽으로, 아래로 미끄러지면서 자칫 떨어져 상단부가 박살이 날 뻔한 상황이 되자 모세의 오른손은 이를 막기 위해 뒤로 물러나게 됩니다. 자연히 수염을 쥐고 있던 손은 수염을 놓치게 되어 한 손가락만이 수염에 걸쳐지게 되었고요.

프로이트의 추론이 맞다고 가정하면, 도대체 미켈란젤로는

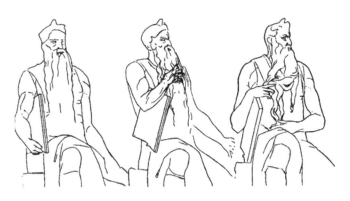

실제 〈모세〉 상을 재현한 세 번째 그림의 자세가 어떠한 과정에서 나오게 되었는지를 추론하는 그림. 프로이트가 직접 의뢰한 그림이다.

무엇 때문에 성서의 내용을 어기면서까지 이러한 수정을 가해야 했을까요? 심지어 성서의 다른 일화들까지 종합하면 실제로 인간 모세는 화를 잘 내는 다혈질 성격이었던 것 같은데요. 프로이트는 이렇게 정리했습니다. "미켈란젤로는 뭔가 새롭고 초인적인 것을 〈모세〉 상에 끌어들였고, 주인공의 강인해 보이는 육체적 볼륨과 힘이 넘쳐나는 듯한 근육질 등은 인간으로서 다다를 수 있는 가장 높은 수준의 정신적 성취에 대한 육체적 표현이다."

아울러 프로이트는 미켈란젤로가 이렇게 변형된 모세를 제작한 이유를 이 조각상이 당시 교황 율리우스 2세의 장례 기념물로서 기획되었다는 사실과 연결했어요. 교황권의 지배 아래 전 이탈리아를 폭력적인 방법을 동원해서라도 통일하려 했던 교황 율리우스 2세의 야심은 미켈란젤로와도 유사했는데요. 미켈란젤로는 이처럼 절제하는 모세 상을 율리우스 2세의 장례 기념물로 만들어 망자(亡子)를 비난하는 동시에 망자와 흡사한 성격과 야망을 갖고 있던 자신에게도 충고를 보낸 셈이었다는 것이지요. 그렇다면 저 절제하는 모세 상은 미켈란젤로가 스스로에게 원했던 소망의 성취였다고 볼 수도 있겠네요.

지금까지 우리는 예술작품이 그 작가의 삶 속에서 형성된 무의식과 연관되어 있다는 프로이트의 주장을 다 빈치와 미켈란젤로의 경우를 통해 확인해보았습니다. 애석하게도 프로이트의 이미지 분석은 1960년대 이후 발전한 정신분석적 영화이론에서 그리 영향력이 크지 않았어요. 영화의 무의식적 영향력에 주목한다는 점에서는 정신분석적 영화이론도 원천적으로 프로이트의 자장 아래 있었다고 할 수 있겠지만 그 무의식적 영향력이 어떻게 '영화적으로' 실현되는지에 대해서는 프로이트의 전기적 접근을 훌쩍 넘어섰으니까요. 이제 새롭게 주목해야 하는 정신분석가가 바로 자크 라캉(Jacques Lacan)인데요. 그에 관해서는 3장에서 좀 더 자세히 살펴보겠습니다. 아무래도 3장의 내용은 이론을 설명하는 데 치우칠 테니 상당히 딱딱하고 어려울 것입니다. 마음을 굳게 먹고 따라와주시기 바랍니다.

3장 영화비평, 정신분석을 만나다

1. 영화 보기는 왜 꿈꾸기와 같은가?

　여러분은 요즘 어떤 방식으로 영화를 보시나요? 디지털 시대의 영화는 많은 면에서 아날로그 시대의 영화와는 다릅니다. 그래서 이미 영화를 올드 미디어라고 규정하기도 하는데요. 아날로그 시대의 영화를 정의하자면 '셀룰로이드 필름 위에 동영상으로 촬영된 이야기를 극장의 스크린에 영사해서 다수의 관객들이 동시에 그것을 경험하는 것'으로 요약할 수 있겠지요. 하지만 영화의 물성, 내용, 체험의 형식을 동시에 규정하는 이러한 정의는 디지털 테크놀로지의 도입과 함께 근본적인 변화에 직면해 있습니다. 아마도 관객들이 체감하는 가장 큰 변화는 영화를 극장에서 보지 않아도 된다는 점일 겁니다. 컴퓨터와 스마트폰 등의 1인 매체들이 극장의 자리를 대신하는 경향이 점점 더 확대되고 있으니까요. 그러니 영화를 보러 가면서 '극장 구경 간다'고 말했던 기억은 조만간 호랑이 담배 피우던 시절의 이야기로만 남아 아련해지겠지요.

제가 왜 영화와 정신분석을 얘기하겠다고 해놓고서 극장 얘기를 먼저 꺼냈을까요? 그 이유는 영화를 정신분석적으로 파악하고자 했던 비평가들이 가장 먼저 주목한 것이 바로 극장이라는 관람 환경이었기 때문입니다. 자, 지금부터 여러분이 극장에서 영화를 보는 중이라고 상상해봅시다. 모든 조명이 꺼진 어둠 속에서 유일하게 스크린만이 영화 이미지로 인해 밝게 빛나고 있습니다. 여러분은 많은 관객들과 함께 그 스크린을 바라보며 거의 움직이지 않은(못한) 채 영화에 집중하고 있고요. 관객의 이러한 상태를 장 루이 보드리(Jean-Louis Baudry)는 꿈을 꾸는 사람의 상태와 같다고 보았습니다. 어두운 주변 환경, 부동의 주체, 움직이는 이미지라는 세 가지 핵심 요소가 영화 보기와 꿈꾸기에서 유사하게 나타난다는 겁니다. 하지만 보드리가 영화 보기와 꿈꾸기를 비교한 이유는 단지 두 행위의 공통점을 찾아내자는 의도에서만은 아니었어요. 그는 저 '부동의 주체'에서 관객의 수동성이라는 문제를 이끌어냅니다. 꿈을 꿀 때 그러하듯 영화를 볼 때의 관객 역시 주어지는 이미지와 이야기를 꼼짝못하고 받아들이는 위치에 놓인다는 것이지요.

그렇다면 왜 관객은 심지어 돈까지 지불하며 극장에 가는 것일까요? 관객이 스스로 그러한 퇴행 상태를 원하는 이유를 보드리는 다시금 꿈꾸기와의 유사성에서 찾습니다. 꿈을 꾸는 이가 자신의 억압된 욕망을 실현하는 이미지를 보면서 만족을 누리듯이, 영화를 보는 사람 역시 영화 이미지를 보면서 그러한 만족에 이른다는 것입니다. 게다가 이 만족감은 단지 재미있는 영화를 볼 때의 쾌락이라는 가벼운 의미로 취급할 수 있는 것이 아닙니다. 관객이 누리는 만족감은 인간이 자신의 몸을 세계와 분리된 개체로서 인식하는 것이 아직은 불명확하던 때에 느꼈던 시원적 만족감과 흡사한 것입니다.

여기서 잠깐 이 '시원적 만족감'이 왜 정신분석학에서 중요한지를 짚고 넘어갑시다. 아직은 사회적인 인간으로서 성장하기 이전에 아이는 엄마와의 이자관계 속에서 완전한 만족감을 누립니다. 자신을 배부르게 먹여주고 따뜻하게 안아줄 엄마의 몸(특히 젖가슴)이 늘 곁에 있기에 아이는 아직 엄마와 자신의 몸이 분리되어 있다는 것도 모르고 있지요. 다시 말해 아이에게는 아직까지 '자아'에 대한 감각이 전혀 없습니다. 이처럼 나와 남, 나와 세계 사이에 어떠한 간극이나 차이가 없기에 누릴 수 있는 만족감이 바로 시원적 만족감입니다. 프로이트는 이러한 상태를 '충족 체험'이라고 불렀습니다.

이러한 충족 체험은 이중적입니다. 한편으로는 아이가 실제로 젖을 제공받는다는 점에서 '현실적인' 만족감을 얻는 체험이지만, 다른 한편으로는 만족을 주는 대상(젖가슴)이 없는 상태에서도 그 대상의 이미지에 대한 반사운동 속에서 느끼게 되는 '환각적인' 만족감의 체험이기도 합니다. 당연히 환각적인 충족 체험은 실망을 낳겠지요. 자크 라캉의 정신분석 이론에 따르면 전자는 욕구(need)의 만족이고 후자는 욕망(desire)의 불만족에 해당합니다. 아이와 엄마의 이자관계가 아빠의 개입과 함께 삼자관계로 바뀌게 되면 엄마의 젖가슴을 상실한 아이는 다른 대상으로 그 '결여'의 자리를 대신 채우고자 한다는 것에 라캉은 주목했어요. 물론 영구적으로 상실한 그 자리를 꼭 맞게 채워줄 대상은 없지요. 더욱이 여러분도 경험했겠지만 어떤 대상을 확보하고 나면 스르륵 그 대상에 대한 욕망이 식어버리지 않던가요? 그럼에도 인간은 평생토록 자신에게 만족감을 줄 대상을 추구하며 분투하게 되는데요. 인간이 사로잡혀 있는 무의식적 욕망이란 이처럼 충족될 수 없는 만족의 추구가 대상을 바꿔가며 계속되는 것에 기초해 있습니다. 그래서 욕망의 이러한 메커니즘을 '욕망의 악무한'이라고 표현하지요.

그렇다면 영화는 어떻게 관객을 시원적 만족감에 준하는 만족감으로 이끄는 것일까요? 보드리는 그것을 설명하기 위해 영화의 내용이 아니라 영화의 기술적 기초, 즉 그가 '영화 장치(cinematic apparatus)'라 부르는 것에 시선을 돌렸습니다. 여기서 영화 장치란 카메라와 영사기, 스크린, 조명, 필름 등 시각적 효과를 만들어내는 기술적 토대, 어두운 극장과 정면의 스크린, 움직이지 않는 관객의 머리 뒤쪽에서 영사되는 빛 등 영사의 조건, 시각적 연속성을 재현하면서 현실 효과를 창안하는 영화들, 그리고 관객을 욕망하는 주체로서 구성하는 정신적 기제를 다 포괄하는 범주입니다. 보드리의 입장을 요약하면 이러한 영화 장치가 작용하는 상황(관객의 부동성과 어두운 극장 공간)과 그 속에서 이미지가 발화되는 메커니즘(카메라, 광학적 투사, 단안 원근법)이 영화의 이데올로기적 효과를 은폐한다는 것입니다. 당연히 그러한 영화 보기의 경험 속에서 관객이 느끼는 만족감 역시 허위적이라고 간주되었지요.

  그 내용을 조금 더 자세히 알아봅시다. 보드리에 따르면 카메라 옵스큐라를 모델로 삼아 만들어진 카메라는 르네상스 시기 이젤 페인팅의 원근법적 투사와 유사한 방식으로 이미지를 구성하는 장치입니다. 르네상스기 이젤 페인팅의 방식은 화가의 위치를 세계 바깥에서 객관적, 총체적으로 세계를 재현할 수 있는 주체의 위치라고 가정했습니다. 물론 세계 바깥에서 세계를 중립적으로 바라볼 수 있는 초월적인 위치란 현실적으로 불가능합니다. 화가 자신이 이미 세계 안에서 살아가고 있으므로 어떤 주관적 욕망을 벗어나 세계를 바라보는 것이 불가능하기 때문이지요. 따라서 아무런 왜곡 없이 원근법적으로 세계를 재현했다 한들 그 그림은 결코 객관적인 시선의 산물일 수 없습니다. 즉 이미지는 현실의 완벽한 모방일 수 없습니다. 더욱이 원근법의 논리 자체가 이미 세계의 객관적 재현을 보장하지 않습니다(이와 관련한 비판적 논의는 이후에 라캉의 이미지 이론을 다루면서 좀 더 자세히 설명

알브레히트 뒤러(Albrecht Dürer), 〈원근법 기계, 누워 있는 여인을 그리는 장인〉, 1525. 모델을 그리기 위해서는 목을 고정시키고 한 눈을 감아 '단안'의 시점을 만드는 장치가 필수적임을 보여준다.

하겠습니다).

재현해야 할 현실 앞에서 카메라의 단안(單眼)은 이젤 앞의 화가와 같은 위치에 놓입니다. 물론 영화 이미지는 정적인 이미지가 아니라 운동성과 시간의 차원을 동반하는 이미지입니다. 따라서 카메라의 시점은 다중화될 수밖에 없지요. 그러나 영화는 비연속적인 이미지들을 가지고 연속성의 환영, 즉 현실감(impression of reality)이 있는 서사적 의미를 생산합니다. 이후 장 피에르 우다르(Jean-Pierre Oudart)가 '봉합(suture)'이라는 외과수술적 과정으로 은유한 그 과정에서 이미지들 사이에 존재하는 차이는 거부되고 억압되지요. 인간이 의식적인 존재로 있기 위해서 무의식을 억압해야 하듯이 말입니다. 이런 식으로 연속성의 환영에 의존하면서 영화 또한 이젤 페인팅과 마찬가지로 영화 이미지의 외부에서 이미지를 객관적으로 바라볼 수 있는 초월적인 시선의 주체를 가정합니다.

데리크 보게르트(Derick Boegert), 〈성모를 그리는 성 루가〉, 1470년경.
르네상스 시기에 이젤 페인팅이 이루어지는 상황을 잘 보여준다.

 그런데 여기서 보드리의 영화이론은 우리를 영화의 또 다른 특징에 대한 고민으로 몰고 갑니다. 이젤 페인팅에서는 저 초월적 시선의 주체가 사실상 화가인 반면, 영화에서 저 위치와 관련해서 더욱 문제가 되는 존재는 영화연출자(film-maker)가 아니라 관객이라는 점입니다. 1970년대 영화이론가들의 기본적인 관심은 대표적인 대중매체인 영화가 어떻게 관객에게 지배 이데올로기를 주입하는가를 밝히는 데 있었습니다. 그러므로 보드리가 창작 주체보다는 수용 주체에 더욱 관심을 기울인 것은 당연한 일이라 하겠습니다. 그렇다면 관객은 어떻게 이처럼 이미지들 간의 차이를 종합하는 초월적 시선의 위치에 자리를 잡게 될까요? 보드리는 그것을 두 수준의 동일시로 설명합니다. 1차 동일시는 관객이 카메라가 본 것을 볼 수밖에 없음을 가리키는 카메라와의 동일시이고, 2차 동일시는 관객이 일차 동일시의 결과 보게 된 이미지들을 서사의 맥락 안에서 이해시켜줄 등장인물과의 동일시입니다.

한편 영화를 관람하는 관객 주체성은 수동적일 뿐만 아니라 상상적인 것이기도 합니다. 이를 구체적으로 설명하기 위해 보드리는 라캉의 거울 단계 이론을 끌어들입니다. 혹시 여러분은 6~18개월쯤 된 아이를 안고 거울 앞에 가본 적이 있나요? 이때 어른들은 거울에 비친 아이를 가리키며 이렇게들 말하지요. "저기 너 있네." 이것이 바로 라캉이 거울 단계라고 이름 붙인 상황입니다. 거울 단계 이전까지 아이는 자신의 몸과 엄마의 몸이 서로 다른 몸임을 인식하지 못할뿐더러 심지어 자신의 몸조차도 아직은 불연속적인 단편들로만 인식하는 상태입니다. 그러나 거울 속의 자기 자신을 보면서, 그리고 그 형상이 자신임을 가리키는 말을 들으면서 아이는 비로소 자신이 단편들로 이루어진 덩어리가 아니라 그보다 더 우월한 유기적 통일체임을 깨닫고 환희하게 됩니다. 이것이 바로 아이가 엄마로부터 분리된 존재로서 최초로 '자아의 감각'을 갖게 되는 순간이지요.

라캉의 문제 제기는 여기서 나옵니다. 아이가 자기라고 인식한 존재는 이미 좌우가 반전된 거울 이미지일 뿐이며, 그런 까닭에 아이를 만족시켰던 자아의 감각은 '상상적인 것(the imaginary)'에 불과하다는 것입니다. 라캉은 유아기를 지나서도 자아는 상상적인 성격을 벗어나지 못한다고 주장합니다. 즉 내가 나라고 여기는 나, 즉 자아는 나에 대한 나르시시즘적 오인을 토대로 형성된, 소외된 존재라는 거죠.

거울 단계의 구조를 영화 관람 상황에 적용해보면 어떨까요? 거울을 스크린으로, 아이를 관객으로 치환해봅시다. 물론

거울 속의 자신을 보는 아기와 어른. 라캉은 이를 '거울 단계'라 부르면서 '자아의 감각'의 형성 과정을 설명한다.

아이는 거울을 통해 자기 모습을 바라보지만 관객은 스크린을 통해 허구적인 세계를 바라보고 있다는 차이는 있습니다. 그러나 아이가 자신의 조각난 몸을 거울을 통해 상상적으로 통합하면서 이상적 자아를 내면화하는 것과 관객이 스크린에 비친 불연속적 이미지의 단편들을 서사적 통일성 안에 배치하면서 의미를 취하는 것의 논리적 구조는 같습니다. 이 과정에서 관객은 결코 자율적이지 않습니다. 관객은 1차 동일시와 2차 동일시를 통해 이미지들을 그러한 방식으로 보고 의미를 이해하게끔 조건화되어 있습니다. 이때 그러한 관람 상황의 조건을 만들어낸 영화 장치는 은폐되어 있습니다. 따라서 관객은 자신이 시각적 피라미드의 중심점이라는 초월적 위치에서 관람 상황을 지배하고 있다는 착오에 빠지게 됩니다.

이처럼 실제로는 수동적인 위치에 처해 있으면서도 자신을 사고의 주체라고 믿는 관객성의 특징은 근대적 주체성의 특징을 반복하는 것이기도 합니다. 둘 다 자기기만을 토대로 작동한다는 공통점을 갖고 있지요. '나는 생각한다, 고로 나는 존재한다'라는 데카르트의 진술로 압축되는 근대인의 표상은 더 이상 신분이나 종교에 얽매이지 않고 스스로 사유하는 자율적 주체를 가리키는 것이었습니다. 그러나 과연 근대인이 온전히 자율적인 주체였을까요? 근대인은 신의 죽음을 선포하며 자신을 신의 자리에 버금가는 초월적 위치에 놓았지만, 이러한 믿음은 진정한 주체성을 낳는 대신 지배 질서에 복속되고자 하는 자발성으로 귀결되지 않았던가요? 비록 봉건 체제로부터는 벗어났다 하더라도 근대인은 여전히 자본주의와 민주주의의 결합에 입각한 지배 이데올로기의 자장 안에서만 자율적일 수 있지 않았던가요? 이제 우리는 영화가 근대의 대중오락 매체로서 출현했다는 사실을 좀 더 깊이 있게 이해할 수 있습니다. 즉 영화의 기술적 형식 자체가 근대적 주체성의 자기기만에 의존하고 있었다는 것입니다. 나아가 영화는 근대적 주체성의 상상적 성격을 확대재생산하는 데 기여하게 됩니다.

이처럼 꿈꾸기의 상태와 흡사한 관람 형식을 통해 구성된 관객은 영화의 서사를 인지하는 주체인 동시에 그 과정에서 자신의 욕망을 실현하는 주체입니다. 잠을 잘 때 꿈 효과로서 꿈 소망과 꿈 환상이 표명되듯, 영화를 볼 때에도 현실 검증(reality testing)은 중단되고 관객은 기만적인 현실감 속에서 소원 성취(wish fulfillment)의 상태로 이끌리게 됩니다. 이때 영화의 내용은 가족 로맨스와 같은 기능을 수행합니다. 가족 로맨스란 아이가 열등한 실제 부모를 부인하고 자신은 왕족인 부모에게서 버려졌거나 어머니가 귀족 남성과의 연애를 통해 자신을 낳았다는 식으로 이상적인 부모를 상상하는 환상을 가리킵니다. 그러므로 영화 보기는 관객이 현실에서 갖고 있는 불만을 환상적 만족으로 대체하는 과정이 됩니다. 이처럼 무력한 관찰자이자 환상의 주체인 관객성과 관련해 크리스티앙 메츠(Christian Metz)는 부모의 성관계 장면인 원장면(primal scene)을 목격하는 아이의 위치가 관객의 위치와 흡사하다는 주장을 내놓기도 했습니다. 자신을 잉태시킬 성관계의 순간을 거리를 두고 바라보(기만 한다)는 것은 아이가 과거로 소급해서 만들어낸 환상이기 때문입니다.

2. 영화는 어떻게 지배 이데올로기를 벗어나는가?

(1) 봉합의 효과와 주체성의 점멸

지금까지 우리는 영화의 기술적 기초가 어떻게 관객을 상상적인 상태, 즉 비주체적인 상태에 빠뜨리는가에 대한 1970년대 영화이론의 설명을 검토했습니다. 특히 보드리는 영화의 이데올로기적 효과를 논하고자 할 때 우선적으로 초점을 맞춰야 할 것은 관람의 형식이라고 주장했다는 점에서 이채로웠습니다. 이처럼 영화비평이 오직 영화의 내용으로만 관심을 한정하는 것에 이의를 제기한 보드리의 입장은 동시대 비평가들의 절대적 지지를 받았습니다. 그리하여 많은 비평가들이 극영화의 형식적 구조가 어떻게 관람 상황의 이데올로기적 효과를 뒷받침하는지를 더욱 정교하게 추적해나가게 되는데요. 그 과정에서 그들은 대중영화가 지배 이데올로기를 매개하는 방식과 아울러 어떻게 한 편의 영화가 내적인 자기모순을 통해 서로 상충되는 의미를 생산하는지에 대해서도 관심을 기울이게 됩니다.

이 비평가들의 논의를 펼쳐 보이기 전에 우선 전제해야 할 것이 있습니다. 이들이 '영화'라고 통칭한다 해도 그것이 이 세상의 모든 영화를 가리키는 것은 아니었다는 점입니다. 비판적 분석의 대상이 된 영화는 주류 상업영화, 특히 고전적 리얼리즘의 형식을 따르는 할리우드 영화들이었습니다. 여기서 고전적 리얼리즘이란 현실을 객관적이고 투명하게 모방할 수 있다는 전제 아래 과거-현재-미래로 가는 선형적, 연대기적, 목적론적인 서사적 질서, 그리고 스테레오타입과 반복에 의존하는 양식을 가리킵니다. 고전적 리얼리즘 양식을 따르는 영화들의 목표는 최대한 서사적 현실을 있는 그대로 그럴싸하게 느껴지도록 보여주는 것이었습니다. 하지만 비평가들은 겉보기의 그럴싸함이 사실은 그렇게 보이도록 만들어진 효과일 뿐이라는 데 주목했습니다. 다시 말해 자연스러움을 가장하기 위해서는 숏들을 선별하고 배열하며 이야기를 만들어나가는 제작과정, 기호학에서 언표행위(enunciation)라고 부르는 과정이 최대한 감추어져야만 한다는 점 말입니다.

이러한 은폐의 효과와 관련해서 가장 큰 논점이 된 것은 바로 편집 지점을 감추는 봉합의 효과입니다. 고전적 편집을 비가시적 편집이라고 부르기도 하는 것은 관객이 편집된 부분들을 의식하지 못하고 몰입할 수 있도록 숏들의 릴레이가 연출되기 때문입니다. 물론 이렇게 연출된 숏들의 릴레이가 서사적 의미를 발생시키려면 관객의 자발적인 매개가 필요합니다. 관객의 적극적인 참여가 없다면 영화란 실상 하나의 이야기로 통합되지 못하는 숏들의 무의미한 연결에 불과하기 때문입니다.

그런 의미에서 영화와 관객의 관계는 공모적입니다. 영화는 관객을 영화적 세계 외부의 관찰자로 치부하며, 관객은 영화를 자신의 세계와는 분리되어 있는 구경거리로 간주합니다. 그러나 관객이 없다면 영화는 의미를 만들어낼 수 없습니다. 나아가 영화(를 포함하는 사회적, 문화적 가치체계)와의 상호작용이 없다면 관객은 사회적인 존재로서 주체화될 수 없습니다. 그러나 이러한 공모는 '보이지 않는' 방식으로 작동하기 때문에 관객은 자신을 영화(를 비롯한 사회적 체계)의 효과로서 생산되는 존재가 아니라 영화(를 비롯한 사회적 체계)를 지배하는 통제자라고 착각하게 됩니다. 헤겔의 어법으로 표현하자면 영화의 관객-주체성이 효과적으로 드러내는 근대적 주체성은 자신이 주인인 줄로 잘못 알고 있는 노예의 주체성이라고 할 수 있겠습니다.

그렇다면 이처럼 기만적인 봉합의 기술은 영화에서 구체적으로 어떻게 실현되었을까요? 지금부터 아주 간단하게 봉합 이론의 전개과정을 살펴보면서 이 문제에 답해봅시다. 애초에 외과수술 용어인 봉합은 자크 라캉의 간단한 언급을 자크 알랭 밀레르(Jacques-Alain Miller)가 정신분석적 맥락에서 이론화한 것이었습니다. 밀레르는 봉합의 과정을 수학적으로 설명했습니다. 여러분은 3과 3+0을 같다고 생각하시나요, 다르다고 생각하시나요? 밀레르는 여기서 0은 3+0을 3과 같게 만들면서 동시에 다르게 만드는 숫자라고 보았습니다. 수학적으로 보면 3+0=3이라는 등식은 분명 맞는 것이지요. 하지만 이 등식이 성립하기 위해서는 0의 존재가 부정되어야만 합니다. 다시 말해 0은 수술 시에 봉합선 아래로 사라져 처음부터 없던 것처럼 처리되는 부분이어야만 합니다.

밀레르는 이러한 은유를 가지고 '주체'를 개념화했습니다. 정신분석적 주체성의 원인은 당연히 의식이 아니라 무의식입니다. 한마디로 말해 3+0에서의 0은 바로 그 무의식의 차원이라고 볼 수 있습니다. 마치 0은 없다는 듯이 3과 3+0을 같은 것으로 취급하는 것은 의식적 세계에서의 셈법입니다. 그러나 정신분석적으로 보면 3과 3+0은 엄연히 다른 것입니다. 무의식이 없는 인간을 생각할 수 없듯이, 0이 더해짐으로써만 존재는 온전히 주체가 되는 것이지요. 물론 정상적인 삶을 영위하려면 의식적 통일성이 유지되어야 하고 따라서 무의식적 차원은 억압(봉합)되어야만 합니다. 우리는 모두 마치 0의 존재는 없다는 듯이 살고 있는 셈이지요. 적어도 꿈을 꾸면서 무의식의 차원으로 들어가 그 0의 차원을 다시 접하기 전까지는 말입니다.

밀레르의 봉합 개념을 영화의 편집에 적용한 이는 피에르 우다르입니다. 그는 우선 숏1은 그 숏을 찍는 카메라 뒤쪽의 오프-스크린 공간, 즉 네 번째 면(연극 무대와 비교하자면 관객이 앉아 있는 쪽)의 부재가 조건이 되어야만 한다는 데서 논의를 시작합니다. 따라서 이미 숏1이 거울 단계의 아이와도 같은 관객에게 주는 충만한 즐거움은 실상 저 네 번째 면을 부재하게 만듦으로써만 가능하다는 것이지요. 이는 영화 이미지가 순수한 것이 아니라 그 부재하는 공간을 점유하는 시선, 즉 카메라와 관객의 시선을 위해 구성되고 조직된 이미지임을 가리킵니다. 영화적 현실은 그 자체로 통합성을 갖고 있는 듯 보이지만 사실 그것은 네 번째 면의 존재를 마치 처음부터 없었다는 듯 처리한 것이며 그런 의미에서 상상적인 것에 불과합니다. 이는 영화적 현실이 그 통합성 속에서 관객에게 주는 만족감 또한 허위적이라는 뜻이지요.

영화의 통합성을 깨뜨리고 억압된 부재를 폭로하게 되면 관객의 상상적 만족감은 깨집니다. 이는 분명히 관객을 불안에 빠뜨리는 위협적인 사태이지요. 우다르는 바로 그러한 위기를 무효화하고 관객을 진정시키기 위해 숏/역숏(shot/reverse shot) 체계의 봉합 원리가 발전했다고 주장합니다. 그는 숏1의 반응 숏으로서 숏2가 이어지기 전까지, 첫 번째 숏이 보여주는 공간의 맞은편 공간(reverse field)은 아직 그 누구의 시점으로도 규정되어 있지 않다고, 즉 그 공간을 누가 보고 있는지가 명확하지 않다고 강조합니다. 다시 말해 숏2로 대응되기 이전의 숏1은 아직 무한한 차이를 동반할 수 있는 하나의 이미지일 뿐입니다. 그 규정되지 않는 공간에 있을 누군가를 우다르는 부재자(the absent one)라고 부르자고 제안합니다. 이 가정된 부재자는 아직까지 어떠한 시점으로도 규정되지 않는 존재입니다. 아직은 숏2가 나타나지 않았으니까요. 고전적 내러티브 영화는 이 부재를 지워 없애는 방식으로 작동합니다. 즉 숏1의 외부 공간을 숏2에서 특정 공간으로 명시하고 숏1을 숏2의 특정한 등장인물이 바라보는 영역으로 환원해버리는 것이지요. 만일 드러난다면 서사의 흐름을 깨면서 관객의 몰입을 방해했을 네 번째 면의 존재는 기본적으로 이미지들 사이에 균열을 가져옵니다. 하지만 이렇게 부재자의 위치를 점유할 특정한 인물을 도입하게 되면 그 균열은 봉합되지요. 고전적 할리우드 영화의 이미지 릴레이는 이러한 방식으로 연속성의 환영(illusion)을 유지합니다.

봉합의 과정에서 결정적인 역할을 담당하는 것은 관객입니다. 등장인물과의 상상적 동일시 속에서 부재자를 배제하고 숏1과 숏2의 사이를 자발적으로 '채워 넣음'으로써 이미지들의 통합성을 유지해주고 이야기를 이어가는 존재는 바로 관객이기 때문입니다. 관객의 능동적 참여가 없다면 봉합은 불가능하겠지요. 그렇다면 관객들은 왜 이러한 역할을 떠맡는 것일까요? 그 이유는 바로 영화 이미지의 총체성이 확보되어야 관람의 쾌락의 총체성도 보장되기 때문입니다. 이러한 논의를 이어간 끝에 결론적으로 우다르는 바람직한 영화란 관객을 자발적으로 영화와의 환영적 관계 속에 빠뜨리지 않는 영화, 나아가 영화언어의 이러한 비극적 본성을 드러내는 독해를 불러일으키는 영화라고 주장했습니다.

우다르의 봉합 이론은 이후 많은 학자들 사이에서 갑론을 박을 불러일으켰습니다. 다니엘 데이언(Daniel Dayan)은 봉합이론을 특히 시점(point-of-view) 편집에 적용하면서 우다르의 논의를 보충했습니다. 그에 따르면 부재자란 숏2가 숏1을 대체할 때 시점의 소유자인 허구적 등장인물로 전이되는 존재입니다. 이때 상상적, 이데올로기적 효과를 낳는 영화적 약호가 작용함에도 불구하고 메시지는 시점 편집이라는 약호의 작동을 은폐합니다. 데이언은 이러한 봉합의 이데올로기적 효과는 내러티브 전개방식 전반에 걸쳐 작용한다고 지적합니다. 동시에 그는 그 비가시적인 약호의 작용을 보지 못하기에 관객은 자신의 상상력을 영화 속에 봉인당한 채 약호가 산출하는 이데올로기적 효과에 좌우된다고 비판합니다.

우다르와 데이언의 논의에 맞선 이들도 있었습니다. 배리 솔트(Barry Salt)는 30년대 이후 할리우드 내러티브 영화에서 숏/역 숏은 30-40퍼센트 정도만을 차지할 뿐임을 찾아냈고, 윌리엄 로드먼(William Rothman)은 할리우드 규범이 2개 숏 시퀀스가 아니라 3개 숏 시퀀스(바라보는 인물/보여지는 대상/다시 인물 숏)라고 주장했습니다. 이러한 실증적 접근은 실제 영화 관람행위에서 부재자의 역할이 전혀 없다는 것, 따라서 약호의 은폐가 이데올로기를 작동시킨다는 데이언의 주장은 허구라는 것을 입증하기 위해서였지요.

반면 스티븐 히스는 위의 논의들을 비판적으로 종합하면서 봉합은 영화가 의미를 만들어내는 모든 과정에 존재한다고 주장했습니다. 프레이밍, 컷, 시뮬라크라로서의 영화 이미지의 본성, 내러티브의 생략, 카메라 운동, 외화면(off-screen) 공간 및 등장인물의 이동, 원근법적 이미지 등이 모두 부재를 초래하며 이 부재들은 결국 봉합된다는 것이었지요. 이처럼 관람의 전 과정에서 영화의 일관성과 통일성을 끌어내는 것은 물론 관객입니다. 하지만 관객의 주체성 역시도 영화 이미지와 마찬가지로 '점멸'하는 것이기 때문에, 즉 의식과 무의식 사이를 오고가는 것이기 때문에, 이미지, 프레임, 내러티브 등에서의 봉합은 늘 과정 속에 있는, 완전하지 않은 것이 됩니다. 결국 히스의 결론은 결코 영화 이미지가 관객의 주체성을 최종적으로 결정하지는 못한다는 것이었습니다. 이 결론에서 우리는 히스가 영화에 이데올로기적 효과가 있음을 부인하지는 않으면서도 그 효과에 전적으로 지배당하지는 않는 주체, 즉 자율성을 갖는 주체의 위치를 이론적으로 확립하려 했음을 알 수 있습니다.

(2) 분열하는 영화와 대항하는 영화

70년대의 영화비평가들은 주류 상업영화가 서사를 만들어 나가는 형식, 즉 고전적인 영화 문법 자체가 이미 영화의 이데올로기적 효과를 발생시킨다는 관점을 대체로 공유하고 있었습니다. 그러나 형식은 항상 내용과 결합해 영화를 구성합니다. 따라서 영화의 이데올로기적 효과를 분석할 때 형식이 내용과 결합하는 양상 또한 중요한 논제가 됩니다. 당시 프랑스의 진보적인 영화비평을 주도했던 잡지 『카이에 뒤 시네마』에 실린 장 루이 코몰리(Jean-Louis Comolli)와 장 나르보니(Jean Narboni)의 영화 구분법은 이 문제에 대한 당시의 접근 방식을 잘 보여줍니다.

코몰리와 나르보니는 당대의 영화를 일곱 개의 범주로 구분합니다. a. 지배 이데올로기적인 주류 상업영화들, b. 직접적으로 정치적 주제를 다루고 전통적 형식과 단절한 영화들, c. 내용은 정치적이지 않으나 형식적으로 정치적인, '결을 거스르는' 영화들, d. 명시적으로 정치적 내용을 가졌으나 형식적으로는 기존 이데올로기 체계를 비판하지 않는 영화들, e. 출발점에서는 진보적이지 않은 듯 보이지만 최종 산물은 그렇지 않은, 확연한 간극과 전위(轉位)가 있는 영화들, f. 정치적(사회적) 사건들을 다루지만 '묘사'의 이데올로기적, 전통적 방식을 답습하는 실화 영화(living cinema), 직접 영화(cinéma direct), g. 묘사의 기본적 문제를 공격하는 방식으로 찍는 또 다른 실화 영화.

이 중에서도 특별히 비평가들의 분석적 개입이 필요한 범주로 꼽힌 것이 바로 e 범주입니다. 주류 상업영화로서 분명히 지배 이데올로기를 전파하는 데 일조하는 영화임에도 불구하고 영화의 표면적 의미를 배신하는 내적 모순을 갖고 있는 영화들이 이 범주에 해당되는데요. '모순적 텍스트'라고도 불린 이 영화들에 주목해야 하는 이유는 대중영화가 자본주의 이데올로기를 반영하는 방식이 이처럼 자기분열적이기 때문입니다. 다시 말해 대중영화는 대체로 기존의 질서를 옹호하는 입장을 명시적으로 지지하게 마련이지만 그러면서도 동시에 그것을 교란하는 또 다른 입장 역시 암시적으로 내포하기 때문입니다.

만일 문화적 생산물들이 한결같이 지배 이데올로기를 지지하기만 한다면 사회는 결코 변화하지 못하겠지요. 그러나 우리가 경험하다시피 사회는 계속 변하고 있습니다. 이는 변화를 일으키는 사회 구성원들이 지배 이데올로기를 거스르는 대안 담화에도 동시에 노출되어 있기 때문에 가능하겠지요. 따라서 70년대 비평가들은 지배 이데올로기를 확산시키는 대중문화의 일종인 영화에 명시적으로 말해지지 못하고 억압된 암시적 의미가 있음을 발견하고, 이 암시적 의미를 활성화하는 것이야말로 비평의 핵심적 임무라고 여겼습니다. 이들은 그러한 비평 작업을 루이 알튀세르(Louis Althusser)의 개념을 빌려와 징후발견적 독해(symptomatic reading)라고 불렀습니다. 요컨대 아직은 새로운 사회의 징후로서만 존재하는 어떤 것을 영화에서 발견해서 적극적으로 표명하는 작업을 요청한 것이지요.

이러한 비평 작업의 중심에 있던 잡지인 『카이에 뒤 시네마』 그룹이 보여준 대표적인 징후발견적 비평은 〈젊은 날의 링컨(Young Mr. Lincoln)〉(1939)이라는 영화에 대한 것이었습니다. 애초에 이 영화는 링컨의 이야기를 '링컨 신화'로 만들어서 공화당의 도덕적 정당성을 부각시키려는 기획 의도

아래 제작되었습니다. 참고로 말하자면 당시 미국은 1933년 이래로 계속 민주당 출신 대통령이 집권해오고 있었습니다. 〈젊은 날의 링컨〉은 링컨의 노예 해방 투쟁과 남북 전쟁 승리를 이야기에서 배제하고 풋내기 변호사 시절의 링컨만을 다룹니다. 영화의 앞부분에서 링컨(헨리 폰다 분)은 자신의 미래 직업을 나뭇가지가 떨어지는 것으로 결정하거나 파이 콘테스트에서 더 맛있는 파이를 정하지 못하고 계속 맛보는 등 확실히 신화적 영웅과는 거리가 있는 친근한 모습으로 등장합니다. 물론 이는 그럼에도 불구하고 링컨을 미국 대통령으로 만들어나간 것은 그의 '운명'의 힘이었다는 포석이기도 하겠지요. 이후의 법정 공방 씬에서 링컨은 누구보다 냉철하고 강한, 더불어 문제해결 능력을 갖춘 카리스마적인 인물로 바뀜으로써 자신의 운명을 실현합니다.

『카이에』의 비평이 문제 삼은 것은 이 영화에 역사와 정치, 섹슈얼리티가 부재하다는 점이었습니다. 영화는 링컨이 정치가로서 행했던 노예 해방 등의 실천들을 배제하고 법률가로서의 모습까지만 보여줍니다. 그 의도가 뻔히 보이지 않습니까? 링컨을 역사 속의 특정 분파(공화당)에 속한 인물로서가 아니라 논쟁의 여지가 없는 보편적 가치의 수호자, 역사 바깥에 있는 신화적 영웅으로서 형상화하기 위해서였겠지요. 그러나 이러한 기획은 내적 균열 내지 모순으로 인해 완전히 성공하지는 못합니다. 이제 그 이유를 알아봅시다.

영화는 링컨을 보편타당한 법의 구현자로서 그려내기 위해

〈젊은 날의 링컨〉(1939). 사과 파이와 복숭아 파이를 놓고 오락가락하는 링컨.

그에게 섹슈얼리티를 억압하는 청교도적인 인물형을 부여합니다. 서부영화의 카우보이 영웅처럼 말이지요. 링컨은 통나무 쪼개기 시합에서 힘을 쓸 때나 폭도들이 감옥을 공격하려고 할 때, 소송 당사자에게 폭력을 가한다고 위협할 때에는 엄마를 사랑하는 아이의 욕망을 거세하는 아버지의 위상을 보여줍니다. 하지만 무도회 시퀀스에서는 서툰 사교 능력과 볼품없는 신체를 가진 거세된 존재로 전락합니다. 존 포드(John Ford) 감독의 영화에서 무도회 장면은 대개 최상의 사회적 조화를 보여주는 순간이라고들 하지요. 그러나 이 영화의 무도회 씬에서 링컨은 여자와의 조화로운 관계에 실패하는 모습을 여지없이 보여주고 맙니다.

기본적으로 이 영화가 보여주는 링컨은 우유부단한 인물입니다. 후일 링컨이 대통령이 된 것은 그 자신의 선택의 결과라기보다는 운명이었다는 식으로 몰아가는 이 영화의 서사는 역설적이게도 링컨이라는 인물의 취약한 부분을 드러냅니다. 한 마디로 링컨 영웅 만들기라는 서사적, 이데올로기적 기획이 그 내적 균열로서의 징후들과 충돌해 일관된 방향성을 잃어버리고 마는 것입니다. 『카이에』의 이런 비평, 여러분께는 얼마나 설득력이 있는지요?

비평가들은 징후발견적 독해로 만족하지는 않았습니다. 자본주의적 시스템의 산물인 영화들 안에서 결을 거스르는 측면들을 비평적으로 강화하는 작업은 분명 의미 있는 노력이겠지만 여전히 사후적, 수동적인 반응의 차원에 머무는 것이

링컨은 춤을 청하며 "최악의 방식으로 당신과 춤추고 싶소"라고 말한다.

기 때문이지요. 애초부터 관객을 환영적 위치에 놓지 않는 영화를 만들어낼 수 있다면 그쪽이 더 효과적으로 지배 이데올로기에 저항하는 실천이지 않을까요? 할리우드 영화의 작법과 그 헤게모니에 문제의식을 가지고 있었던 70년대 유럽과 미국의 영화이론가들과 영화감독들은 자신의 작품들에 이러한 고민을 녹여내기 시작했습니다.

이렇게 만들어진 영화들을 통칭하는 범주가 바로 '대항영화(counter-cinema)'입니다. 대항영화의 미적 전략은 한마디로 고전적인 영화 문법을 해체함으로써 그 허위성을 드러내는 것입니다. 대항영화라는 명칭은 피터 월른(Peter Wollen)이 고다르(Jean-Luc Godard)의 영화 〈동풍(Vent D'est)〉을 그 사례로 제시하면서 처음 사용했습니다. 하지만 바람직한 영화란 관객에게 친숙한 주류 상업영화의 허위적인 형식을 거부하고 관객이 비판적으로 사유할 수 있도록 일깨우는 형식의 영화여야 한다는 생각은 이미 70년대 초부터 존재해온 것이었습니다.

예를 들면 우다르는 봉합의 형식으로 인해 영화 이미지의 총체성, 즉 관람 행위가 주는 쾌락의 총체성이 상실되기 때문에 봉합은 영화에 내재하는 본질적 비극성을 가리킨다고 설명하면서, 〈잔다르크의 재판(The Trial of Joan of Arc)〉은 영화언어의 비극적 본성을 보여주지만 〈제멋대로인 당나귀 발타자르(Au Hasard, Balthazar)〉는 관객을 환영적 위치로부터 끌어내 능동적 독해에 참여시킨다고 주장했습니다. 메츠 역시 주류 상업영화란 말하는 행위의 현재적 생산성을 보유하는 '담화(discourse)'를 완료된 사건들의 '역사/이야기(history /story)'로 위장하기 위해 언표행위의 원천을 억압한다고, 즉 영화가 특정 의도에 따라 만들어진 결과물에 불과하다는 사실을 억압한다고 주장했습니다.

그러므로 월른의 대항영화론은 앞선 연구와 실천들이 공유했던 관점을 좀 더 일목요연하게 구체화한 것이라고 해도 무방합니다. 아래의 표는 월른이 「고다르와 대항영화: 〈동풍〉」 (1972)에서 할리우드 영화와 대항영화의 서사적 특징을 비교

할리우드 영화와 대항영화의 비교

할리우드 영화의 서사	대항영화의 서사
서사의 (자연스러운) 전환	서사의 비전환(간격, 교란, 에피소드적 구성, 소화되지 않는 여담으로의 탈선)
등장인물과의 동일시: 공감과 감정적 몰입	등장인물로부터의 거리두기: 관객에게 직접 말 걸기, 다중적이고 분열된 캐릭터들, 코멘터리하는 등장인물
투명성: 영화언어를 보이지 않게 함	전경화: 영화 제작의 메커니즘을 드러냄
단일한 디에게시스: 통일적이고 동질적인 (스토리의) 세계	다양한 디에게시스: 다른 약호들과 경로들 사이에서 파열하는 이질적인 세계
(결말의) 닫힘: 자족적 목표, 자신의 경계 안에서 조화로움	열림: 개방성, 과잉, 상호텍스트적 인용과 패러디
쾌락: 관객을 만족시키려는 엔터테인먼트	불쾌: 관객을 불만족스럽게 하여 변화시키려는 자극
허구성: 배우들이 분장하고 스토리에 맞춰 연기함	현실성: 실제 삶, 재현의 붕괴, 진실성

한 내용을 요약한 것입니다. 이 표를 보면 대항영화는 실로 영화 제작의 거의 모든 과정에서 할리우드 영화가 대표하는 주류 상업영화와는 '다른' 영화를 추구함을 알 수 있습니다.

(3) 시네-페미니즘과 동일시의 역학

대항영화의 형식을 기존 영화문화에 대한 대안으로 받아들이면서 정신분석적 개념에 의지한 또 다른 이들로는 시네-페미니즘 그룹이 있습니다. 70년대 유럽 영화비평이 반자본주의적 지향을 본격화한 계기는 프랑스의 68혁명이었습니다. 시네-페미니즘 그룹 역시 그러한 동시대 지성의 흐름 안에 있었으며 따라서 마르크시즘과 정신분석을 결합시키는 관점을 공유했습니다. 다만 이들은 주체가 자본주의적 지배 이데올로기와 관계 맺는 방식을 해명하려 했던 70년대 '대이론'의 입장을 여성의 입장에서 다시 쓰고자 했습니다. 따라서 영화가 어떻게 주체를 가부장제 이데올로기에 연루시키느냐를 해명하는 데 초점을 맞추고 있었지요. 페미니즘 비평가들의 일차적인 관심은 주류 상업영화들이 어떤 식으로 성적 차이에 대한 관점을 사회적으로 구성하는가에 있었습니다. 특히 이들의 관심을 끈 것은 여성의 주체성을 억압하는 영화의 형식적 약호와 관습이었지요. 그 대안으로서 이들은 주류 상업영화의 가부장제적 내용과 형식에 저항하는 여성 영화의 전략을 모색하게 됩니다.

시네-페미니즘에 정신분석을 도입하는 데 선도적인 역할을 담당한 인물은 클레어 존스턴(Claire Johnston)과 로라 멀비(Laura Mulvey)입니다. 1972년 에딘버러에서 여성영화제를 조직했던 존스턴은 영화제를 위해 발행한 책자에서 「대항영화로서의 여성영화」(1973)라는 글을, 멀비는 「시각적 쾌락과 내러티브 영화」(1973년 발표, 1975년 정식 출판)라는 글을 발표했지요. 특히 멀비의 글은 아주 오랫동안 시각문화 비평에 강력한 영향을 끼치게 됩니다. 이 글은 이후 다양한 반론을 이끌어내면서 페미니즘 논의의 지형 전체를 풍성하게 입체화시키는 계기가 되지요. 오늘날 영화를 비롯한 시각문화 연구에서 페미니즘적 관점에 접근하려는 이들이라면 가장 우선적으로 멀비의 이 글을 읽어야 합니다. 물론 멀비의 글은 시네-페미니즘 논의의 시발점이었을 뿐이므로 그 이후의 논의들에 대해서도 필히 주목할 필요가 있는데요. 안타깝지만 그것을 전부 따라가는 것은 이 지면에서는 불가능합니다. 따라서 여기서는 존스턴과 멀비의 글을 먼저 살펴본 뒤 그 한계가 무엇인지만 간단히 짚어보는 것으로 만족하고자 합니다.

그럼 먼저 존스턴의 주장을 살펴볼까요? 그의 논의의 핵심은 「대항영화로서의 여성영화」라는 제목에 이미 다 드러나 있습니다. 한마디로 페미니즘 영화는 할리우드 영화와는 반대되는 영화언어를 구사하는 대항영화가 되어야 한다는 것이지요. 물론 여기서 사용한 대항영화라는 용어는 피터 월른의 논의에 빚졌으리라는 것, 여러분도 이미 떠올리셨겠지요?

〈베이비 길들이기〉 (하워드 혹스 감독, 1938)

　자, 대항영화가 있기 위해서는 대항해야 할 대상이 있어야
합니다. 존스턴에게 그 대상은 당연히 남성 지배적 영화, 즉
남성을 위한 볼거리로서 여성을 물신적으로 제시하면서 여성
성에 대한 기존의 관념을 강화하는 영화들이었습니다. 그러
나 비판의 대상이 될 영화를 선택할 때 그녀는 좀 더 세심한
통찰력을 발휘합니다. 예를 들어, 남주인공은 종종 멸시를 당
하는 인물이거나 아이 같은 인물로 묘사하고 여주인공은 직
업을 가진 독립적이고 공격적인 인물로 묘사하는 하워드 혹
스(Howard Hawks)의 영화와 여주인공을 가정과 문명의 중심
으로 설정하는 존 포드의 영화를 비교해봅시다. 여러분은 어
떤 영화가 더 여성을 억압한다고 생각하시나요? 아마도 많은
분들이 하워드 혹스 쪽에 손을 드시겠지요? 하지만 존스턴은

존 포드의 영화를 더 지지합니다. 혹스의 영화에서 여주인공은 여성이 아니라 '비남성' 혹은 '남근으로서의 여성'일 뿐이기 때문이지요. 그녀는 황야의 존재인 남성과 달리 여성을 자연이 아닌 문명의 자리에 있게 함으로써(이는 서부극의 중요한 서사 관습이고 존 포드는 서부극의 대가였지요) 여성 억압의 문제를 복잡하게 취급한다는 측면에서 포드의 영화가 혹스의 영화보다 더 진보적이라고 보았습니다.

그렇다면 대항은 어떻게 가능할까요? 존스턴은 영화작가의 개입 없이 대상을 있는 그대로 찍기만 하는 시네마 베리테(cinéma vérité)의 방법론에는 명백히 반대합니다. 대신, 남성 부르주아 영화의 틀을 적극 훼방함으로써 새로운 의미가 창조되고 구축되는 길을 모색해야 한다고 역설합니다. 이는 곧 영화의 내용에서 여성들의 억압을 다루는 것만으로는

〈히즈 걸 프라이데이〉 (하워드 혹스 감독, 1940)

불충분하다는 것, 이제 성차별적 이데올로기와 영화 사이에서 혼란을 불러일으킬 형식적 수단을 시도할 필요가 있다는 것을 뜻합니다. 아울러 존스턴은 "자매애를 표현"하는 집단 작업을 남성 지배적인 질서에 대항하는 여성영화 제작의 대안적 방식으로 제시합니다.

한편 존스턴은 오락영화를 거부할 것이 아니고 정치적 도구로서의 영화와 오락으로서의 영화가 상호작용하여 서로를 더욱 풍요롭게 하는 길을 찾아내자고 제안하기도 했는데요. 그녀는 할리우드에서 활동한 두 여성감독의 영화와 유럽의 아녜스 바르다(Agnes Varda)의 영화 〈행복(Le Bonheur)〉(1965)을 사례로 해서 자신의 입장을 설명합니다. 먼저 도로시 아즈너

〈역마차〉 (존 포드 감독, 1939)

(Dorothy Arzner) 감독의 〈댄스, 걸, 댄스〉(1940)를 살펴볼까요? 존스턴에 따르면 이 영화의 백미는 주인공 주디가 스트립 쇼를 모방하는 쇼에서 자신을 보며 웃는 관객들에게 날카롭게 일갈하는 결미 부분입니다. 주디의 대사를 들어볼까요? "어디 계속 웃어보시죠. … 당신들은 당신들이 낸 50센트어치만큼 내 옷이 찢겨나가길 바라겠죠. 도대체 뭣 때문에? 쇼가 끝나고 집에 가서는 아내와 아이들 앞에서 뻗대면서 센 남자인 척하겠죠? 틀림없이 그들도 당신을 꿰뚫어보고 있어요. 내가 당신들을 꿰뚫어보고 있는 것처럼!" 어때요? 주디가 멋진 여성 캐릭터라는 생각이 드시나요?

할리우드 시스템의 관습을 거부한다는 점은 아이다 루피노

〈댄스, 걸, 댄스〉 (도로시 아즈너 감독, 1940)

(Ida Lupino) 감독의 〈낫 원티드(Not Wanted)〉(1949)도 마찬가지인데요. 이 영화에서 여주인공은 사생아를 낳고 입양시킨 상태입니다. 이런저런 사건들이 있고 나서의 엔딩 씬. 그녀는 한때 호감을 느꼈으나 자신이 다른 남자의 아이를 임신한 걸 알고는 떠나야 했던 남자가 찾아왔을 때 정신없이 도망칩니다. 전쟁으로 절름발이가 된 몸으로도 그는 끊임없이 그녀를 쫓아오는데요. 결국 그 남자는 그녀를 따라 육교를 힘겹게 올라온 뒤 쓰러지고 이를 본 여주인공은 그에게로 달려가 끌어안습니다. 존스턴은 이러한 엔딩을 "역전된 해피 엔딩"이라고 부릅니다. 여주인공도, 남주인공도 질병과 갈등을 안고 있는 인물이라는 점에서 이러한 엔딩은 가부장제적인 할리우드 서사를 불구화시키고 전복시킨다고 보았기 때문입니다. 반면 아녜스 바르다의 영화가 자연에 대해 보이는 관심은 역사로부터의 후퇴를 의미하기에 반동적이라고 존스턴은 비판합니다. 바르다의 영화에서 여성의 자리는 문화를 거부하는 자리에, 즉 역사의 바깥에 놓여 있다고 보았기 때문입니다.

자, 이제 로라 멀비의 「시각적 쾌락과 내러티브 영화」를 살펴봅시다. 이 글은 왜 그토록 많은 이들에게 영감을 주었을까요? 멀비는 남근 중심적 세계에 질서와 의미를 부여하기 위해 어떻게 할리우드 영화가 시각적 쾌락을 조직하는지, 그 과정에서 어떻게 거세된 여성의 이미지를 활용하는지를 설명하고 있습니다. 물론 멀비의 논의 역시 여성을 남성의 타자로서 인식시키게 되는 주류 영화의 이데올로기적 효과가 궁극적으로는 관객의 무의식에 작용한다고 전제한다는 점에서 정신분석적 관점을 공유하고 있습니다.

멀비는 프로이트의 절시증(scopophilia; 竊視症), 즉 보는 것과 보이는 것 모두에 쾌락이 있다는 개념에서 논의를 시작합니다. 영화를 관람하는 상황에서 관객의 절시증은 관음증과 노출증으로 나타나는데요. 관음증은 영화 속 타인의 사적 세계를 들여다본다는 환영을 통해 만족됩니다. 하지만 노출증의 욕망을 관객이 직접 실현시킬 수는 없는 일이지요. 따라서 노출증은 억압되어 연기자에게로 투사되고 관객은 자신의 욕망을 투사한 그 캐릭터와 동일시함으로써 만족을 얻게 됩니다. 이렇게 해서 극영화를 관람하는 상황은 관객의 시각적 쾌락을 실현하는 현장이 되는 것이지요.

그런데 멀비에 따르면 그 동일시의 과정을 능동적으로 결정하는 것은 남성적인 시선이고 여성 인물은 수동적으로 그러한 남성적 욕망을 위해 약호화되고 전시될 뿐이라는 겁니다. 이때 남성 주인공은 성적 대상이라기보다는 완벽하고 강력한 자아 이상의 모델이 됩니다. 반면 여성 주인공은 페니스 부재의 증거이자 남성적 시선이 부인하고 싶어하는 '거세 불안'을 환기시키는 존재가 되고요. 물론 관객은 자연히 영화 속 사건들을 통제하는 권력을 가진 남성 주인공의 시선에 동일시하게 된다는 것이 멀비의 주장이었습니다.

그렇다면 남성의 무의식은 이러한 거세 불안을 어떻게 회피하려 할까요? 멀비는 두 가지 방식을 제시합니다. 첫째, 죄의식의 대상인 여성을 처벌하거나 구원하는 방식이 있습니다. 주로 필름 누아르 영화들에서 전형적으로 나타나는 이 방식에서 여성은 관음증과 가학증의 대상이 되지요. 둘째, 여성을 물신적인 대상으로 만들어 거세를 완전히 부인하는 방식이 있습니다. 이는 여성의 존재가 위험하지 않음을 재확인하는 방식인데요. 주로 여성 스타를 과대평가하거나 컬트화하는 물신주의적, 절시증적 방식으로 나타나지요. 멀비는 이러한 관점에 따라 조셉 폰 스턴버그(Josef von Sternberg) 감독은 물신주의의 방식을, 알프레드 히치콕(Alfred Hitchcock) 감독은 두 방식 모두를 활용했다고 주장합니다.

그럼 먼저 스턴버그 감독의 〈모로코〉를 살펴볼까요? 멀비는 〈모로코〉에서 에이미(마를렌 디트리히 분)를 "궁극의 물신"이라고 평합니다. 그 이유는 영화 속에서 그녀의 육체가 스타일로 강조되고 클로즈업으로 단편화되는 가운데 관객의 시선의 직접적 수용체가 되기 때문이지요. 다시 말해 그녀는 스크린 공간 안에서 남성 주인공의 시선

조셉 폰 스턴버그 감독, 〈모로코〉의 마를렌 디트리히(Marlene Dietrich)

을 매개로 삼지(남주인공이 여주인공을 보는 관점에서 관객
이 여주인공을 보게 됨) 않고서도 독자적으로 완전한 존재로
서 등장하게 되지요. 같은 이유로, 영화가 드라마의 최고점이
자 성적 의미의 절정에 달하는 순간 역시 디트리히가 사랑하
는 남자의 부재 속에서 발생합니다.

한편 알프레드 히치콕 감독의 〈이창(Rear Window)〉, 〈현
기증(Vertigo)〉, 〈마니(Marnie)〉는 관음증과 물신주의적 매혹
사이에서 오락가락하는 남성 주인공들을 보여주는 영화로 꼽
히는데요. 여기서는 그중에서도 〈이창〉의 분석을 자세히 살
펴봅시다. 이 영화에서 우선 주목해야 할 부분은 제프리의 시
선과 성적 욕망이 리사의 위치에 따라 어떻게 바뀌느냐 하는
점입니다. 영화의 시작 부분에서 리사(그레이스 켈리 분)가
제프리(제임스 스튜어트 분)의 아파트에 머물 때, 즉 제프리
처럼 앞집들을 마주 보는 위치에 있을 때 그녀의 존재는 제프
리의 성적 흥미를 끌지 못합니다. 심지어 제프리가 리사를 귀
찮아하는 것처럼 보이기까지 하지요. 하지만 리사가 앞집에
서 살인사건이 일어났다는 의심을 가지고 반대편 집으로 가
면서부터, 즉 그녀가 제프리의 시선의 대상이 되면서부터 커
플의 관계는 성적인 성격을 회복합니다.

이때 리사를 보는 제프리의 입장은 이중적입니다. 한편으
로 제프리는 사진기자답게 살인사건의 스토리를 짜맞추어가
면서 그와 관련된 이미지를 포착하는, 능동적으로 관음증을
실현하는 주체입니다. 남의 집에 무단침입해서 사생활 정보

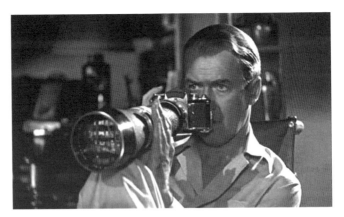

〈이창〉의 제프리(제임스 스튜어트 분). 능동적인 시선의 주체인 남성 주인공이다.

를 캐내는 리사가 죄의식을 가질 수밖에 없는 주체라면, 제프리는 살인자에게 처벌받을 위기에 처한 리사를 구출(구원)하는 존재이지요. 하지만 제프리가 바라보는 리사는 세련된 의상과 스타일을 자랑하는, 시각적으로 아주 매혹적인 여배우(리사의 직업)이기도 합니다. 다시 말해 리사는 단순히 제프리(관객)의 시선의 대상이기만 한 것이 아니라 그 자체로 이상화된 물신적 존재로서 영화에 등장하고 있습니다.

멀비는 이러한 영화들에서 관객의 동일시를 유발하는 노련한 과정에 주목하는데요. 특히 관객이 남성 주인공의 시점을 따르게 되는 이유는 주관적 카메라의 능란한 사용 때문이라고 지적합니다. 남성 캐릭터가 그의 주관적 시점에서 여성을 볼 때, 관객은 자연히 남성 캐릭터의 위치로 끌려가서 여성 캐릭터를 볼 수밖에 없다는 것이지요. 그것이 여성 관객들에

〈이창〉의 리사(그레이스 켈리 분). 남성적 시선의 대상인 동시에 물신적 여성이다.

게는 불편한 시선이라 하더라도 말이지요. 우리는 앞에서 할리우드 영화의 봉합 효과가 어떻게 숏2를 숏1의 시점에 맞춰 연결하면서 두 숏 사이에 있다고 가정되는 부재자의 존재를 지워 없애는가에 대해 살펴보았는데요. 멀비가 이 이론을 페미니즘적으로 재해석한 것이라고 볼 수도 있겠습니다. 저 부재자가 여성적 시선을 가지고 있다고 가정한다면, 숏1의 남성적 시선이 숏2의 남성적 시선과 연결될 때 여성적 시선의 잠재적 가능성은 배제되는 것이니까요.

앞에서도 언급했듯이 멀비의 이론은 대단한 영향을 끼쳤습니다만, 그 한계에 대한 지적도 적지 않았습니다. 가장 대표적인 반박은 과연 남성적 시선과의 동일시라는 이론으로 여성 관객성을 설명하는 것이 타당할까 하는 점이었습니다. 여성을 타자화하는 멀비의 이론을 두고 여성 관객을 피학증적으로 본다거나 복장도착적 존재라고 본다는 비판까지 나왔는데요. 이후 멀비 자신도 여성 관객들이 남성적 시선에 동일시하는 것은 그것이 여성 자신의 억압된 남성성에 접근할 수 있는 사회적으로 승인된 방법이기 때문이라는 식으로 자신의 논의를 보충하기도 했습니다.

그렇다면 도대체 여성 관객이 누리는 보기의 쾌락은 어디에서 오는 걸까요? 이 질문에 대해 메리 앤 도운(Mary Ann Doane), 테레사 드 로레티스(Teresa de Lauretis) 등 많은 페미니스트 영화학자들이 답을 내놓았습니다. 그들의 다양한 입장들을 관통하는 핵심은 여성 캐릭터와 여성 관객성을 남성과의 관계에 복속되는 대상으로 간주해서는 안 된다는 것입니다. 오히려 여성 관객성은 다양한 입장과 상황 속에서 복합적, 다중적으로 확립되는 것이기에 여성은 남성과는 '다른 방식으로', 즉 양성적이거나 다중적으로 욕망하는 주체로서 등장한다는 것이지요. 이러한 반론에 입각하면 여성이 가부장제 이데올로기, 성차의 이데올로기에 온전히 수렴되지 않고 그 이데올로기의 외부에 있을 수 있다는 결론에 도달하게 됩니다.

한편 엘리자베스 코위(Elizabeth Cowie)는 이러한 비판적 관점을 공유하면서도 관객의 동일시를 현실에 대한 인식/오인의 문제가 아니라 소망 충족의 욕망과 환상의 문제로 풀어갔다는 점에서 다른 이들과는 좀 달랐습니다. 누구나 영화는 허구임을 알고 있지요. 하지만 1970년대 영화이론가들은 주류 상업영화가 그 허구를 너무나 현실에서 있을 법하게, 즉 그럴듯하게 느껴지도록 만들어낸다는 데 초점을 맞추었습니다. '현실 효과(impression of reality)', 혹은 '현실감'이라고도 번역되는 이 효과는 관객이 진정한 현실을, 즉 진실을 볼 수 없게 만든다고 가정되어 대중영화를 비판하는 근거가 되었지요. 그러나 코위는 영화가 관객의 동일시를 유발하는 이유는 관객의 무의식적 욕망을 표현하는 '환상 시나리오'로서 기능하기 때문이라고 주장했습니다. 결국 관객은 캐릭터에 직접 동일시하는 것이 아니고 캐릭터가 취한 욕망의 입장과 동일시한다는 것이지요. 그러니까 관객은 자신의 욕망에 맞춰 한 편의 영화 안에서도 하나 또는 여러 캐릭터가 취하는 다양한 입장들과 복잡한 동일시의 관계를 맺는다는 것입니다. 그러한 과정은 곧 관객이 그 영화가 보여주는 여성의 위치, 여성성에 부여되는 가치 등을 재고해볼 수 있는 계기가 되겠지요.

영화를 환상의 구현으로 보는 코위의 논의는 영화의 정신분석적 존재론을 다시 쓴 것과도 같았습니다. 분명히 허구임에도 어떻게 영화가 '현실'처럼 작동하여 관객의 무의식을 지배하는가를 따지던 과거의 관점을 벗어나, 관객의 무의식적 욕망을 표현하는 '환상'으로서의 영화가 어떻게 현실 속에서 작동하는가를 따지는 방식으로 논리의 축을 전환할 것을 요청한 셈이기 때문입니다. 이러한 변화는 후기 라캉의 정신분석에 의존하는 슬라보예 지젝의 영화론에서 좀 더 분명해집니다. 다음 장에서는 지젝이 히치콕의 영화를 어떻게 분석하는가를 살펴보면서 이 문제를 좀 더 본격적으로 다루어보겠습니다.

4장 지젝, 히치콕과 만나다

1. 새로운 정신분석적 영화비평은 후기 라캉과 함께

3장에서 우리는 영화비평 이론이 정신분석학 개념들을 어떤 식으로 도입했는가를 살펴보았습니다. 요약하자면, 대중문화를 구성하는 영화의 지배 이데올로기는 관객들의 의식의 수준에서뿐만 아니라 무의식 수준에서도 작동한다는 것이 모든 논의의 대전제였습니다. 그 과정에서 영화의 내용뿐만 아니라 형식도 중요한 역할을 담당한다는 것, 따라서 대항영화는 주류 상업영화와는 다른 형식적 대안을 추구할 필요가 있다는 것이 핵심 주장이었지요. 그런데 주류 영화들도 잘 들여다보면 이데올로기적 자기모순을 드러내는 부분들이 있게 마련이거든요. 따라서 비평은 그 영화의 전반적인 성격과는 '결이 다른' 그 부분들이 의미하는 바에 주목해야 한다고 강조되었습니다. 그것이 바로 비평이 이데올로기의 허위성을 넘어 진실을 밝히는 '과학'이 되는 길이라는 것이었어요. 어떤가요? 여러분께는 이 주장이 설득력이 있나요?

그런데 1970년대를 휘저었던 이 '대이론'의 위력은 80년대로 들어오면서 현저히 약화됩니다. 대신 비평가들은 새로운 행로들을 개척해나가기 시작하는데요. 그 행로들의 공통점은 바로 '정신분석으로부터의 거리두기'라고 할 수 있습니다. 가장 두드러진 반론은 인지심리학적 경향의 이론가들에게서 나왔어요. 이를테면 데이비드 보드웰(David Bordwell)은 무의식적 차원이란 '증명 불가능'한 것이기 때문에 영화를 분석하고 비평하는 작업에서 정신분석적 차원은 논외로 두겠다고 언급했고요. 노엘 캐롤(Noël Carroll)은 정신분석적 비평론의 오류들, 이를테면 극장의 관객석에서 정확히 원근법적으로 화면의 소실점에 대응하는 위치는 한 곳뿐인데 어떻게 모든 관객이 원근법적 시선의 지배 속에 있다고 볼 수 있겠느냐, 또한 관객은 결코 의식과 무의식 사이에서 '분열된 존재'가 아니라 오히려 영화를 보러 가기 전의 다양한 경험과 학습 덕에 이미 모종의 입장을 갖고 있는 '안정적 존재'다, 등을 조목조목 제시하며 정신분석적 영화비평이론에 강한 거부감을 표시했습니다.

인지심리학 진영의 이러한 입장은 애초부터 타협의 여지가 없을 정도로 반정신분석적이었어요. 그런데 70년대까지만 해도 여전히 정신분석에 의존하던 학자들 중에서도 점차 다른 길을 탐색하는 경우가 나타나기 시작했습니다. 가장 큰 이유는 다음과 같은 반성 때문이었어요. 정신분석적 관점은 영화와 주체성의 관계, 영화적 재현의 정치적 효과('재현의 정치학')에 관심이 치우쳐 있기 때문에 영화를 역사적, 문화적 맥락 속에서 이해하는 데는 한계가 있다는 것이었지요. 그 결과 문화연구나 탈식민주의적 관점이 부상하면서 영향력을 키워 갔고, 초기 영화사나 장르의 역사 등을 추적하는 역사적 접근도 더욱 진지하게 이루어지게 되지요.

그렇다면 정신분석은 비평담론의 장에서 완전히 무기력해졌을까요? 아마도 그랬다면 제가 지금 이 책을 쓰고 있지 않겠지요? 80년대에는 확실히 침체되어 있던 정신분석적 영화비평이 90년대로 넘어오면서 새로운 모습으로 재등장하는데요. 그 징검다리가 된 이가 바로 슬라보예 지젝(Slavoj Zizek)입니다.* 그는 세계 인문학계에 '후기 라캉'을 새롭게 각인시

---

* 1949년생인 지젝은 냉전 시대에 세르비아, 크로아티아와 함께 유고슬라비아 연방을 구성했던 슬로베니아 출신의 철학자인데요. 류블랴나대에서 철학을 공부하고 파리8대학에서 정신분석학으로 박사학위를 받았다고 합니다. 다시 말해 동유럽과 서유럽, 사회주의와 자본주의 진영을 넘나들며 학문의 토대를 쌓은 셈인데요. 이러한 이력에 더해 그는 1990년 슬로베니아공화국 대통령 선거에 개혁파 후보로 출마했다는 특이한 이력도 갖고 있습니다. 그 정도로 현실 정치에 기민한 관심을 표명해온 학자이지요. 그는 후기 라캉의 정신분석학을 이론의 뼈대로 삼고 거기에 철학과 사회학, 문화연구 등을 창의적으로 결합한 후 정치경제적 현실과 문화의 분석에 활용하는 수많은 저술을 계속 출판해왔습니다. 이 책들은 그를 세계적인 '철학 스타'로 만들었지요. 우리나라에서도 발 빠르게 그의 책들이 번역되고 있습니다. 지젝은 경희대에서 석좌교수를 한 적도

키면서 정신분석학이 어떻게 정치, 경제, 문화 분석을 위한 방법론으로서 유의미한 학문인지를 알려준 영향력 있는 철학자입니다. 지젝의 출현에 이어 지젝과 함께 연구했던 이른바 슬로베니아 학파 학자들, 그리고 미국에 있지만 지젝과 마찬가지로 이론적으로는 후기 라캉에 의존하는 조운 콥젝(Joan Copjec) 등의 활약 덕분에 영화이론은 70년대의 정신분석적 영화비평이론이 수용했던 라캉과는 초점이 다른 라캉을 도입할 수 있게 됩니다. 그 결과, 70년대 영화이론이 의존했던 라캉의 정신분석이 사실은 라캉의 이론을 오인, 오용했다는 지적이 이루어지지요.

지젝은 영화학계에서 배출한 영화이론가는 아닙니다. 그러나 영화에 대한 그의 관심은 결코 가볍지 않았어요. 일단 그는 모든 저서에서 수많은 영화들을 언급하거나 분석합니다. 또 히치콕에 대한 편저서 『항상 라캉에 대해 알고 싶었지만 감히 히치콕에게 물어보지 못한 것들』이나 키에슬롭스키에 대한 본격 비평서 『진짜 눈물의 공포』 같은 책을 쓰기도 했어요. 그가 선보였던 영화 분석은 너무 많아서 이 책에서 다 정리하는 것은 불가능합니다. 따라서 여기서는 특히 히치콕 영화에 대한 지젝의 독해를 살펴보려 합니다. 그것만으로도 후기 라캉이 어떻게 다시 영화비평론의 장 안에서 부활할 수 있었는지를 살펴보는 데에는 부족함이 없을 것 같아요.

있고 한국에서 여러 차례 특강을 했기에 우리에게도 상당히 친숙합니다.

여기서 질문 하나. 4장으로 넘어와서부터 제가 계속 라캉이 아니라 후기 라캉이라고 부르고 있음을 의식하고 있었던 분, 얼마나 될까요? 그렇습니다. 지젝은 라캉의 이론을 전기와 후기로 구분한 뒤 후기 라캉의 이론에서 라캉 정신분석의 본령을 찾을 수 있다고 주장했는데요. 사실 라캉 이론의 전개 과정을 시기적으로 어떻게 구분할까에 대해서는 여러 이론이 있습니다만, 지젝을 비롯한 슬로베니아 학파에서는 1965년 세미나 11에서부터 후기 이론이 시작되었다고 봅니다. 그렇다면 전기 라캉과 후기 라캉은 어떻게 다를까요? 이것을 이해하려면 라캉이 인간과 세계의 존재의 차원을 설명하기 위해 만들어낸 근본적 범주인 상상계(the Imaginary), 상징계(the Symbolic), 그리고 실재계 혹은 실재(the Real)를 먼저 알아두어야 합니다. 서구의 원서에서는 Imaginary, Symbolic, Real을 특별히 대문자로 쓰기도 하는데요. 라캉의 이론이 널리 알려져 있지 않던 시절에는 이 개념을 대문자로 강조해서 라캉의 이론적 맥락에서 나온 것임을 드러내려 했던 것 같아요. 하지만 라캉의 용어들이 널리 알려진 요즘에는 맥락상 소문자로 써도 의미를 전달할 수 있다고 보기 때문인지 소문자로 표기하는 경우도 많습니다.

여기서 여러분에게 이런 질문이 떠오를 수 있을 것 같아요. 한국어 번역에 왜 원어에는 없는 '계'라는 표현이 들어갔느냐는 것이지요. 솔직히 말해 저는 이 번역에 그다지 동의하지는 않지만 이미 자리잡아 버렸기 때문에 대세를 따르고는 있는데요. 문자 그대로 상상적인 것, 상징적인 것이라고 번역하면 한국어 문장 안에서 혼선이 생기면서 개념 전달이 잘 안 되는 것도 사실이고요. 다만 저 '계'라는 번역어가 개념을 오해하도록 유도한다는 점만큼은 지적하고 넘어갈까 합니다. 그러니까 상상계, 상징계, 실재계를 어떤 단계처럼 시간적인 것으로, 심지어는 시간순의 경험으로 간주하게 만드는 게 첫 번째 오류이고요. 어떤 세계처럼 공간적인 것으로 간주하게 만드는 게 두 번째 오류예요.

라캉에게 저 삼항조는 위상학(topology)적인 개념이에요. 위상학이라니, 아주 어려운 단어가 나타났네요. 본래 수학의 한 분야인 위상학이라는 용어를 요즘에는 인문학 책들에서 심심치 않게 찾아볼 수 있는데요. 라캉에게 위상학이란 하나의 단절(cut)로 인해 전체를 연속적인 동시에 비연속적인 것으로 만드는 어떤 구조 자체에 관한 연구를 가리키는 것이었어요. 여러분이 잘 아는 사례로는 뫼비우스의 띠가 있지요. 그 외에도 토러스(torus), 클라인의 병, 크로스 캡 등이 위상학적 구조를 보여줍니다(토러스 구조는 인터넷 검색을 통해 동영상으로 입체의 변화 양상을 확인해보실 것을 권합니다). 분명 하나의 연속적인 원이지만 저 꺾이는 지점으로 인해 뫼비우스의 띠는 두 개의 상이한 속성을 갖는 위상학적 구조가 되는 것이지요.

아래 그림의 형상들은 정신분석이 인간을 어떻게 보는가를 잘 이해시켜줍니다. 안과 밖의 구분이 있는 듯 없는 듯 연속

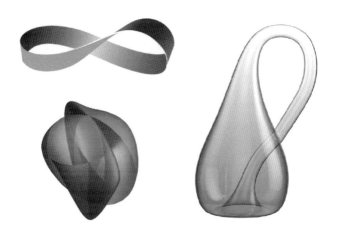

위상학적 형상들. 왼쪽부터 뫼비우스의 띠, 크로스 캡, 클라인의 병.

성과 비연속성을 모두 보여주는 저 형상들처럼 인간도 의식적 상태와 무의식적 상태 모두를 갖고 있으면서 자신의 동일성을 유지하고 있다는 것이지요. 물론 의식과 무의식이 한꺼번에 출현할 수는 없어요. 의식적인 상태에서 꿈을 꿀 수 없는 것처럼 말이지요. 따라서 정신분석은 의식과 무의식의 관계를 이율배반적이라고 표현하고, 인간은 의식과 무의식 사이에서 분열되어 있다고 설명합니다. 또한 분석 상황은 뫼비우스의 띠가 꺾이면서 (의식적) 표면과 (무의식적) 이면이 뒤집히는 순간과도 같다고 볼 수 있겠지요. 요컨대 정신분석 임상이란 분석주체(피분석자)가 의식 수준에서 자유연상에 따라 말한 것의 위상을 무의식적 진실이라는 다른 위상으로 변형하는 과정이라고 압축할 수 있겠네요. 이제 우리는 라캉이 왜 데카르트의 "나는 생각한다. 고로 나는 존재한다(Cogito Ergo Sum)"를 뒤집어 "나는 내가 존재하지 않는 곳에서 생각하며 내가 생각하지 않는 곳에서 존재한다"고 주장했는지를 이해할 수 있습니다. 어떤 인간을 그러한 인간으로서 존재하게 만드는 '생각(사유)'이란 의식적 차원이 아니라 무의식적 차원에서 나온다는 뜻이지요.

그럼 이제 본격적으로 저 삼항조의 첫 번째 개념인 상상계에 대해서 알아볼까요? 이 개념은 거울 단계 이론과 밀접하게 연결되어 있는데요. 거울 단계란 6~18개월쯤 된 아이가 '자아'의 감각을 형성하는 시기를 가리킵니다. 이 시기에 아이는 거울 앞에서 자신의 신체의 거울상을 보면서 자신의 몸이 엄마의 몸과는 분리되어 있고 그 자체로 통일적이고 연속적인 유기체임을 깨닫게 된다고 라캉은 주장하는데요. 여기서 핵심은 자신의 거울상을 접하기 전까지 아이는 자신의 몸을 조각난 것으로, 엄마의 젖가슴은 자신의 것이라고 여긴다는 것입니다. 그랬던 아이가 자신의 거울상을 접하면서 비로소 자신의 몸을 하나의 완전한 유기체로서 인식하게 되고 그 이미지에 빠져들며 환희를 느낀다는 것이지요.

그러나 여러분도 알다시피 거울상은 기본적으로 반전된 이미지이기 때문에 아이가 보는 거울상은 결코 자신의 실체 자체는 아닙니다. 결국 아이가 거울상을 보며 느끼는 통일성과 연속성의 감각이란 실은 '저것이 나다'라는 환영과 오인에 기초해 있지요. 그뿐만 아니라 아직 미숙한 몸을 가진 아이는 완전한 이미지인 거울상에 자신의 이상적 자아(ideal ego)를 투사하게 됩니다. 이것이 바로 아이가 거울상을 보면서 나르시시즘에 빠질 수밖에 없는 이유이지요.

그런데 최초의 자아가 외부의 거울 이미지를 매개로 삼아 형성된다는 것은 자아가 근본적으로 소외된 존재이며 타자(the Other)에게 종속된 존재라는 뜻이기도 합니다. 다시 말해 늘 타자를 통해 사고하고 욕망한다면, '나는 주체적으로 사고하는 존재다'라는 믿음은 허위적이라는 것이지요. 그러므로 불완전한 실제 몸과 완벽한 거울 이미지의 차이에 기초해서 만들어지는 '자아'는 상상적 일체감을 유지할 수 없을 때 갈등, 분열, 불안의 지대가 될 수밖에 없습니다. 어쩌면 우리가 끊임없이 자기 자신에 대한 자긍심과 열등감 사이에서 오락가락하는 것도 자아에 대한 나르시시즘적 기대감과 실망감이 반복되기 때문이겠지요. 라캉에 따르면 자아를 구성하기 위해 겪는 이러한 분열은 어린 시절에만 잠시 경험되고 마는 것이 아니라 평생 동안 지속되는 심리구조, 인식구조의 상상적 성격으로 자리 잡게 됩니다.

이제 상징계에 대해 알아봅시다. 라캉은 인간이 언어를 매개로 해서 사회적 주체가 된다는 점을 강조했습니다. 여기서 언어란 단순히 말과 글만을 가리키는 것이 아니라 법과 금지, 담화 체계, 이데올로기적 구성 전체로 확장됩니다. 결국 사회적 현실(reality)이란 언어적 현실인 셈이고, 그것을 라캉은 상징계라 불렀지요. 생물학적 인간이 사회적 인간으로 성장한다는 것은 언어와 담화(discourse)의 체계로 진입하는 과정, 다시 말해 상징화되는 과정이라고 할 수 있습니다(여기서 discourse를 담론이 아니라 담화로 번역하고 있다는 데 유의하시기 바랍니다. discourse는 문법화된 글보다는 생생한 말의 차원을 가리킵니다. 따라서 discourse를 담론이라고 번역하면 일종의 이론적 체계를 뜻하는 것처럼 오해될 여지가 있습니다). 언어는 이토록 중요한 것인데요. 심지어 라캉은 무의식도 언어와 같이 구조화되어 있다고 주장합니다. 무의식은 온전히 개인적인 것도(프로이트), 혹은 집단적인 것도(융) 아니며 다른 사회 구성원들과의 관계 속에서 정립되는 초개인적인(trans-individual) 것이라는 게 라캉의 입장이지요. 그런데 사회는 언어를 통해 구성되는 것이므로 사회적 존재인 인간의 무의식 또한 초개인적인 것으로서 언어처럼 구조화될 수밖에 없다는 뜻입니다. 그러니 정신분석이 누군가의 무의식적 차원에 접근해 치유하는 방법 역시 자유연상에 따라 말하기(talking cure)에 기초해 있는 것이겠고요.

마지막으로, 라캉의 삼항조를 이루는 가장 까다로운 개념, 실재계를 살펴봅시다. 요즘 라캉이나 지젝의 책을 번역한 책들에서는 실재계를 실재라고 하는 경우도 많은데 이 둘은 모두 the real을 가리키는 동일한 개념입니다. 실재가 무엇인지를 이해한다는 것은 실재와 현실(reality)을 구분할 수 있음을 의미합니다. 앞에서 저는 상징계를 설명하면서 상징적 현실이라는 표현을 사용했는데 기억하시나요? 상징적 현실은 언어라는 상징화의 메커니즘을 통해 구성되는데요. 여기서 이런 질문이 떠오릅니다. 언어는 과연 모든 것을 다 상징화할 수 있는가? 답은 '그렇지 않다'입니다. 여러분도 아마 누군가와 대화하거나 언쟁할 때 분명 서로 한국말을 하고 있음에도 근원적인 소통(진리를 말하기!)을 가로막는 어떤 것이 있다는 느낌에 답답했던 적이 있을 겁니다. 그 어떤 것, 즉 '언어화될 수 없는 X'가 바로 실재의 위상을 갖는 것이라 할 수 있어요. 그래서 라캉은 진리가 절반만 말해질 수 있다고(나머지 절반은 실재적인 것이기에 말해질 수 없다는 뜻. 물론 여기서 절반이란 일종의 은유일 뿐, 딱 절반을 가리키는 게 아닙니다), 의사소통에서 발신자는 자신이 발송한 메시지를 수신자로부터 '거꾸로' 된 형태로 받게 된다고(내가 말한 의미는 수신자에게로 가서 새로운 의미로 바뀐다는 뜻. 그러니 말의 핑퐁 게임에서 발신자와 수신자는 결국 '통할' 수 없겠지요) 주장했지요.

그런데 상징적 현실을 구성하기 위해 실재는 배척되어야 합니다. 예를 들면 트라우마적 기억처럼 절대적으로 상징화에 저항하며 무의식에 억압되는 기억이 있다면 그런 것이 바로 실재의 위상을 갖는 것입니다. 여기서 라캉의 논리는 좀더 과감합니다. 우리가 현실이라고 믿는 세계는 실재를 배제하고 나서 그 결여 혹은 상실을 상상적, 허구적, 기만적으로 채워 넣은 환상일 뿐이라는 것입니다. 정말 파격적인 주장 아닌가요? 지금까지 현실과 환상을 대립적인 것이라고 여겨온

분들에게는(라캉을 공부하기 전의 저처럼 말이지요) 쉬이 납득하기 어려운 얘기지요. 나아가 라캉은 현실은 실재를 중핵으로 삼아 구성되며 만일 현실이 허구적이기를 포기하고 실재의 심연과 맞닥뜨리게 되면 분해되고 만다고 설명합니다.

사실 이러한 관점은 정신분석이 오이디푸스 콤플렉스의 해소 과정을 설명하는 논리를 떠올려보면 좀 더 쉽게 이해가 될 것입니다. 아이가 엄마와의 일체화된 관계에서 누리던 만족감으로서의 향유(jouissance; enjoyment)는 아버지가 근친상간 금지라는 법과 함께 개입함으로써 상실될 수밖에 없지요. 이로 인해 저 유명한 거세 콤플렉스가 생기는 것이고, 아이는 결국 상실된 향유를 회복하기 위해 엄마의 자리를 채워줄 다른 대상들을 욕망하게 되는 것이고요. 요컨대 모든 인간의 사회화는 근본적으로 어떤 상실 혹은 상처를 통해서만 가능하다는 것입니다. 그 상실과 결여를 가리키는 것이 곧 실재인 것이고요. 자, 이제 존재(인간, 상징계), 결여(실재), 상상적인 것을 잇는 어떤 공통된 논리가 보이시나요? 결국 세계가 됐든 한 인간이 됐든 존재한다는 것은 어떤 결여를 떠안는 것이며, 그 결여를 가리고자 하는 상상적 분투와 함께 총체적인 세계나 온전한 자아의 감각이 형성된다는 것 말입니다. 라캉은 실재라 불리는 그 결여 혹은 공백을 가리고 환상을 유지하기 위해 주체가 욕망하는 구체적인 대상에 '대상 a(objet petit a)'라는 이름을 붙여줍니다. 대상 a는 일차적으로는 결여를 가리기 위한 것이지만 동시에 거기가 바로 그 세계/주체의 결여의 자리임을 가리키게 됩니다. 이를테면 성형수술이라든지 명품 백의 소비 등은 해당 주체의 욕망을 불러일으킨 원인이자 대상인 것이 바로 외양이나 외모임을 역설적으로 노출하게 된다는 것이지요.

그렇다면 상징계로부터 배척된 실재는 영구적으로 상징계로부터 분리되어 있는 것일까요? 그렇지 않습니다. 실재의 차원은 상징계에 내속된 분열이나 틈새와도 같은 것이에요. 프로이트는 말실수나 농담, 꿈, 증상의 형태로 억압된 것이 '귀환(return)'한다고 설명했는데요. 이와 유사하게 라캉도 억압된 실재가 언제든 현실에 '침입(intrusion)'하여 현실의 질서를 어지럽힐 수 있다고 주장했습니다. 갑자기 잊고 살던 트라우마적 기억을 다시 떠올리게 만드는 사건에 휘말린다든지, 혹은 외계의 존재나 범죄자가 평안하던 일상에 침입해 삶을 뒤흔들어 버린다든지 하는 사례들을 영화에서 많이 접하셨지요? 이런 것이 바로 실재의 침입을 보여주는 전형적인 사례일수 있겠습니다. 다시 뫼비우스의 띠를 떠올려봅시다. 앞에서 이 형상을 설명할 때에는 의식과 무의식의 관계를 이야기하기 위해서였지만 이를 상징계와 실재의 관계에도 똑같이 적용할 수 있습니다. 뫼비우스의 띠가 꺾이는 지점이 곧 실재의 침입이 이루어지는 순간이라고 말할 수 있는 것이지요.

지젝의 영화비평을 보기 위한 사전작업이 너무 길어지고 있는데요. 마지막으로 시선(look, eye)과 응시(gaze)의 개념쌍만 더 다루고 이 장을 끝내고자 합니다(학자에 따라서는 전자를 응시로, 후자를 시선으로 번역하기도 합니다만, 여기서는 이미 우리말로 출판된 『세미나 11』의 번역을 따르고 있습니다). 70년대 영화비평에서는 '본다'는 행위를 이렇게 복잡하게 이해하지 않았어요. 그저 내가 특정 대상(이를테면 여성)을 어떤 관점(이를테면 남성의 관점)에서 보는가, 영화는 대상을 보는 방식(관점)을 어떻게 조직(혹은 조작)하는가, 그리하여 관객은 그 은폐된 방식으로 인해 어떠한 이데올로기적 편향에 빠지게 되는가를 분석하는 것이 비평의 과제라고 여겼지요. 여기서 '본다'는 것은 눈으로 보는 지각행위 자체를 가리키는 것이었고 비평의 과제는 엄밀히 말하자면 보는 행위의 형식적 결과인 '시점(누구의 관점에서 보는가)'이 구성되고 작동하는 방식을 파헤치는 것이었습니다.

그러나 라캉은 동시대 학자들이 이러한 이론을 공동생산하고 있던 그 시절에 이미 시선과 응시를 개념적으로 구분하고 있었어요. 그렇다면 이러한 구분은 무엇을 근거로 이루어졌을까요? 다시 70년대 영화이론을 떠올려봅시다. 르네상스 시기에 도입된 원근법이 수학적으로 증명 가능한 '객관적 현실'로서의 이미지를 생산하게 해주었으며 그에 따라 관객은 그 이미지를 총체적으로 관람할 수 있는 추상적, 초월적, 데카르트적 주체의 위치에 있게 되었다는 생각을 당시 영화이론가들은 거부하고 있었어요. 이미지는 오직 현실처럼 보이도록 만들어진 것일 뿐이고 관객의 위치 혹은 관점은 그 이미지가 유도하는 대로 결정된다고 생각했기 때문이지요.

하지만 이러한 주장의 근원에는 관객을 몰입시키는 이미지의 힘이 원근법적 메커니즘으로부터 나온다는 발상이 자리 잡고 있었어요. 만일 시각적으로나 서사적으로 한 편의 영화가 어떤 초점(시각적으로는 소실점, 서사적으로는 주인공의 운명)을 중심으로 선형적 흐름을 만들어내면 관객의 시점과 입장 또한 자동적으로 그 흐름에 따라 유인된다는 것이었어요. 그러니 한편으로는 주류 상업영화 텍스트 안의 모순과 균열에 주목하면서도 다른 한편으로는 주류 영화와는 다른 이미지와 서사 구조를 갖고 있는 영화를 만들어야 새로운 관객 주체성을 확립할 수 있다는 식의 형식주의적 대안으로 나아갈 수밖에 없었던 것이지요. 사실 유럽을 비롯, 세계 각국에서 진행된 이른바 모더니즘 영화의 역사는 이러한 사고를 공유한다고 보아도 무방합니다.

하지만 라캉은 보는 행위 자체가 의식과 무의식 사이에서 분열되어 있다고 보았어요. 즉 재현된 3차원 공간 이미지의 관찰자는 결코 그 이미지를 온전히 장악하는 초월적 위치에서 보는 주체일 수가 없다는 것인데요. 흥미로운 점은 이러한 분열이 발생하는 이유를 라캉은 원근법적 메커니즘 자체의 분열에서 찾아낸다는 것입니다. 라캉은 먼저 르네상스 시기에 고전 기하학에 입각한 원근법과 함께 사영(projection) 기하학에 입각한 원근법도 공존했음에 주목했습니다. 전자는 대상과 이미지의 1:1 재현을 전제하는데, 이는 지구가 평평하다는 것을 가정해야만 가능한 논리지요. 반면 사영 기하학은

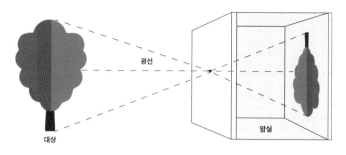

광선

대상

암실

카메라 옵스큐라(16세기)

지구가 둥글기 때문에 1:1 재현은 불가능하다는 전제하에 재현된 공간의 소실점은 반드시 무한원점(혹은 무한점)과의 분열적 관계 속에 있게 된다는 논리를 펼쳤습니다.

다음의 그림을 보면 이것이 무슨 뜻인지 좀 더 쉽게 이해할 수 있을 겁니다. 지구상의 삼각형을 아래 깔린 지면에 재현(투사)하려고 할 때 대상과 이미지를 잇는 점은 저 우주 끝 어딘가로 무한히 달아나 버리겠지요? 그 달아나는 점이 무한점인데요. 지면에 원근법적으로 삼각형 그림을 그렸을 때 저 무한점은 일단은 소실점과 겹쳐지는 것처럼 보이겠지요. 하지만 소실점은 지면상에 정확한 좌표를 갖는 마침점 같은 것인데 비해 무한점은 특정 좌표 없이 무한대로 뻗어나가는 점이에요. 따라서 관람객의 '보기'는 처음에는 소실점에 맺히는 듯하지만 결국은 소실점과 최소 차이로 겹쳐 있는 무한점에 포획되면서 지면상의 시각 장(시야)을 벗어나게 됩니다. 더 정확히 말하자면 무한점은 무한히 뻗어나가다가 우주 어딘가에서 되

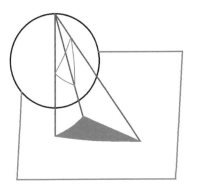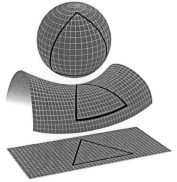

사영 기하학의 원리

접혀 지면상의 시각 장으로 되돌아오게 됩니다(실재의 침입!).

라캉은 소실점과 관계하는 의식적 시각성은 시선으로, 무한점과 관계하는 무의식적 시각성은 응시로 개념화합니다. 다시 말해 시선은 상징계와, 응시는 실재와 연결되는 개념이라고 이해하시면 되겠습니다. 그렇다면 적어도 시선의 영역 안에서는 관람객이 자율성과 초월성의 권력을 마음껏 누릴 수 있는 것일까요? 여러분은 그림이나 영화를 보실 때 정말로 '내 마음대로' 보시나요? 라캉은 그렇지 않다고 대답합니다. 우리의 눈은 모두 전능하고 전시(全視)적인 대타자(언어나 법처럼 주체가 통제할 수 없는 타자성의 근본적 차원으로서의 상징적 질서)의 욕망에 의해 원격조종되기 때문에 우리는 결국 '눈먼 주체'라는 것입니다. 우리가 보는 세계는 거울 단계의 아이가 보는 이미지처럼 주관적 환영에 불과하다는 것이

93

지요. 물론 이 환영은 응시의 차원이 불시에 침입함으로써 언제든 교란될 수 있습니다. 시각성의 영역에서도 뫼비우스의 띠는 꺾이는 법이니까요.

따라서 주체는 자신이 사물들에게 (하나의 지점에서) 시선을 주고 있다고 생각하지만, 실제로는 사물들이 주체를, 더 정확히는 주체의 무의식적 진실을 마치 사진 찍듯 (모든 지점에서) 응시하고 있다는 것이 라캉의 주장입니다. 어딜 가나 CCTV가 있는 요즘에는 이러한 주장이 문자 그대로 현실화되어 있는 셈이군요. 그래서 라캉은 시각성의 영역에서 "눈에 대한 응시의 승리"를 주장합니다. 정신분석학은 주체의 진실을 의식이 아니라 무의식에서 찾는 학문이라는 점에서 라캉의 이러한 주장은 당연한 것이라고 할 수 있겠네요.

라캉은 응시의 차원을 '얼룩'이라고 표현하곤 합니다. 르네상스 시기에는 원근법적 회화와 함께 왜상화도 유행했는데요. 왜상화는 원근법적 시각 모델을 사영기하학적으로 전도시켜서 마치 일그러진 얼룩 같은 형상으로 바꿔놓은 그림이에요. 홀바인은 원근법적인 부분과 왜상인 부분(그림 아래쪽의 해골 형상)을 합해서 〈대사들〉을 그려놓았는데요. 현대 회화(특히 라캉이 찬사를 보냈던 독일 표현주의 회화)는 아예 왜상만으로 전체 캔버스를 채우기도 합니다. 여러분이 다 아시는 뭉크의 〈절규〉 같은 작품처럼 말이지요.

물론 응시의 차원이 반드시 왜상의 형태로만 등장하는 것은 아닙니다. 상징계, 상상계, 실재의 차이가 위상학적인 것이듯, 시선과 응시의 차이도 위상학적인 것이기 때문이지요. 그러니까 소실점과 무한점이 오직 최소 차이만을 가지며 겹쳐져 있는 것처럼 어떤 이미지가 완전히 원근법적으로 그려져 있더라도 위상학적으로는 응시의 차원을 드러낸다고 해석될 수도 있다는 뜻입니다. 이러한 맥락에서 라캉은 〈시녀들(Las Meninas)〉의 그림 속 캔버스나 르네 마그리트의 〈인간의 조건(La condition humaine)〉에 나오는 캔버스를 관람객의 응시를 포획하는 '응시의 덫'이라고 분석합니다. 그러니까 이 두 그림은 그림 내부에 있는, 위상학적으로 다른 차원에

한스 홀바인, 〈대사들〉, 1533. 그림 아래쪽에 해골의 왜상이 그려져 있다.

95

있는 캔버스의 존재와 함께 시선과 응시의 비관계를 보여준다는 것입니다. 다시 말해 우리의 시선은 그림 전체를 향하지만 그 시선은 무한점을 통해 시각 장을 빠져나갔다가 결국은 그림 내부의 저 알 수 없는 '실재의 스크린'으로서의 캔버스를 통해 시각 장으로 되접혀 돌아온다는 것입니다. 물론 이때 내부의 캔버스에 그려진 것은 지금 우리가 보고 있는 바로 그 장면입니다(〈시녀들〉의 경우 그림 속 화가 벨라스케스는 우리가 보고 있는 그림의 장면을 되비추는 대형 거울을 보고 그 장면을 그대로 캔버스에 그려넣고 있다고 라캉은 해석합니다). 그러므로 이 두 그림은 정확히 뫼비우스의 띠가 꺾이는

디에고
벨라스케스,
〈시녀들〉,
1656.

순간을 옮겨놓은 것과 같습니다. 뫼비우스의 띠의 전면과 이면이 동시에 하나의 화폭 위에 드러난 셈이니까요. 라캉에게 예술가는 이처럼 응시의 스크린을 가지고 유희할 수 있는 존재입니다.

지금까지 살펴보았듯이 라캉의 시각이론은 회화 이미지를 비평하는 방식으로 이루어졌습니다. 지젝은 이러한 내용을 영화에 적용하면서 동영상 이미지에 적합하도록 발전시켰고요. 그러나 지젝이 영화이론을 집약적으로 정리해서 발표한 적은 없습니다. 그가 이런저런 영화들을 언급하며 선보인 비

르네
마그리트,
〈인간의 조건〉,
1935.

평적 접근법들은 그의 수많은 책들 여기저기에 분산되어 있고, 그것들을 거두어서 체계적으로 지도화하는 작업은 온전히 독자들의 몫인 셈이죠. 여기서는 그중에서도 특히 엑기스에 해당하는 부분만 다뤄보겠습니다(좀 더 길고 복잡한 논의는 제가 출판한 다른 책들을 참조하시면 되겠습니다).

정신분석의 관점에서 영화가 중요한 이유는 '이것은 허구'라는 알리바이가 역으로 진실에 접근할 수 있는 통로를 열어주기 때문입니다. 현실에서는 악착같이 배척하고 부정하는 어떤 것을 영화이기 때문에 마음 놓고 드러낼 수 있다는 것이지요. 그런 의미에서 스크린은 거울 단계의 거울과 같습니다. 그러나 그 거울은 메츠가 주장했던 것과 같이 허위적 이데올로기를 상연하는 상상적 거울이기만 한 것이 아니라 섬뜩한 실재가 침입할 수 있는 장이기도 합니다. 그런데 이처럼 후기 라캉으로 이론적 강조점을 옮겨오게 되면 영화의 위상학적 지위는 꿈의 스크린이 아니라 실재의 스크린과, 상상적인 것의 허위적(false) 현실화가 아니라 실재의 허구적(fictional) 상연과 연결된 것으로서 새롭게 규정될 수 있게 됩니다. 다시 말해 영화 보기는 지배 이데올로기라는 꿈에 빠지는 경험이 아니라 그 꿈에서 깨어나는 경험일 수도 있게 됩니다.

그렇다면 영화는 어떻게 실재의 얼룩을 형상화할 수 있을까요? 영화는 회화와 달리 공간뿐만 아니라 시간의 차원을 함께 운영하는 매체입니다. 따라서 이 질문에 대한 답도 좀 더 다각화될 수밖에 없는데요. 지젝이 언급했던 중요한 사례들을 참조하면 다음과 같은 답을 얻을 수 있습니다. 첫째, 현실에서 배척된 이야기를 소재로 삼음으로써, 둘째, 강렬한 욕망이나 충동을 보여주는 등장인물의 성격을 통해서, 셋째, 엑스트라-내러티브, 즉 〈슬라이딩 도어스〉나 〈십계〉, 그리고 〈레드〉, 〈화이트〉, 〈블루〉 연작에서처럼 서로를 소재나 시각적 차원에서 반향하는 둘 이상의 이야기가 서사 전체를 구성하는 방식을 통해서, 넷째, 인터페이스-스크린*이 거울, 스크린, 유리창, 광고판 등의 형태로 미장센 안에 등장하여 '실재적 차원'을 보여줌으로써, 다섯째, 응시의 오점을 드러내는 촬영술과 편집술의 결합을 통해서, 다시 말해 설정 숏으로부터 응시의 얼룩이 되는 디테일 클로즈업 숏으로 이동하는 것(〈새〉에서 불이 난 주유소를 보여주는 새의 시점 숏에 새들이 날아 들어옴으로써 객관적 숏을 주관적 숏으로 바꿀 때), 또는 섬뜩한 대상을 향해 다가가는 인물을 찍은 객관적 숏을 그 대상을 보여주는 주관적 숏과 몽타주하는 것(〈사이코〉에서 라일라가 모텔 뒤 저택을 향해 걸어갈 때) 등을 통해서, 여섯째, 소리의 출처를 알 수 없어 오싹하고 무서운 느낌을 주는, 미셸 시옹(Michel Chion)이 비가시음성체(acousmêtre)라고 명명한 '보이지 않는 목소리'의 소유자를 등장시킴으로써(〈오즈의 마법사〉의 오즈나 〈마부제 박사〉의 마부제 등). 물론 영

---

* 지젝은 라캉이 회화를 염두에 두고 단순히 '스크린'이라 개념화한 것을 '인터페이스-스크린'이라는 새로운 용어로 보충하면서 스크린이 영상물과 맺는 관계를 강조합니다.

화는 무궁무진한 형식적 실험을 계속하고 있기 때문에 이러한 사례들이 우리가 탐구할 모든 경우라고 말할 수는 없습니다. 그것을 발굴하고 해명하는 작업은 앞으로도 계속되어야 하겠지요.

2. 〈사이코〉, 관객의 분열적 욕망과 함께 불손해지기

지금까지 우리는 상징계, 상상계, 실재계, 대상 a, 환상, 시선, 응시, 스크린 개념을 살펴보았습니다. 이제 이 개념들과 함께 알프레드 히치콕의 영화 〈사이코〉(1960)를 분석하는 지젝의 길을 따라가 보려 합니다. 지젝은 워낙 많은 저술을 출판하는 학자인데, 그중에는 히치콕과 크쥐시토프 키에슬롭스키 감독에 대한 책도 있습니다(두 권 모두 우리말로 번역되어 있습니다). 특히 히치콕의 영화들에 대해서는 동료들과 자신의 글을 함께 엮은 『항상 라캉에 대해 알고 싶었지만 감히 히치콕에게 물어보지 못한 모든 것』도 출판했고 다른 여러 저술들에서도 계속해서 언급해오고 있습니다. 히치콕 영화들이 지젝에게 그만큼 큰 영감을 준다는 뜻이겠지요.

그런데 어쩌면 여기서 다루는 내용을 다 읽고 나서 여러분은 '〈사이코〉가 그렇게까지나 심오한 영화였어?'라고 생각하실지도 모르겠네요. 비평이란 비평가의 관점에 입각해서 '어떤 작품 안에 있는 그 작품 이상의 것'을 끌어내는 작업이 아

닐까 합니다(문득 발터 벤야민의 '구제비평' 개념이 떠오르네
요), 그런 의미에서 지젝의 히치콕 비평은 정확히 그러한 작
업의 모형을 보여준다고 저는 생각하는데요. 과연 여러분에
게는 얼마나 설득력이 있을지 궁금해지는군요. 다만 지젝의
글쓰기 방식은 찬찬히 설명하는 쪽이라기보다는 아이디어를
속도감 있게 전개하는 가운데 재미있는 사례들을 계속 제시
하면서 독자들의 흥미를 끌어나가는 쪽이라서, 개념들을 숙
지하지 못한 상태로는 그 속도를 따라가기가 쉽지 않은 편입
니다. 비록 중간중간 나오는 사례들이 일종의 '쉬는 시간' 구
실을 하지만 말이죠. 그러한 난해함의 장벽을 다소나마 해소
할 수 있기를 바라는 마음으로 지젝의 히치콕 비평을 정리해
보려 합니다.

　지젝에게 히치콕은 왜 눈에 띄는 감독이었을까요? 그는 히
치콕의 영화가 리얼리즘, 모더니즘, 포스트모더니즘 모두에
해당한다고 주장합니다. 히치콕은 〈13호〉(1922, 미완성작)로
시작하여 〈가족 음모〉(1976)까지 총 67편을 연출했는데요.
지젝은 히치콕의 활동 시기를 다섯 단계로 구분합니다. 첫째,
〈나는 비밀을 알고 있다〉(1934) 이전까지 고전적 리얼리즘 스
타일(전형적인 할리우드 영화제작 관습에 충실한 스타일로서
발단-전개-위기-절정-결말로 이어지는 고전적 소설의 서사
구조를 따르며 연속편집에 충실하다)을 자신의 영화에 적용
해나갔던 시기, 둘째, 〈39계단〉(1935)부터 〈반드리카 초특급:
사라진 여인〉(1938)까지 고전적 리얼리즘 내러티브의 한계

안에서 커플 만들기를 시도했던 시기, 셋째, 〈레베카〉(1940)부터 〈염소좌 아래〉(1949)까지 제작자 셀즈닉(D. Selznick)과 함께 작업했던 모더니즘 시기, 넷째, 〈스트레인저〉(1951)부터 〈새〉(1963)까지의 포스트모더니즘 시기, 마지막으로 〈마니〉(1964) 이후의 분산기. 그러니까 50년이 넘는 긴 시간 동안 영화 스타일의 역사 전체가 히치콕의 영화사에 그대로 겹쳐져 있었다는 것이지요. 이 역사를 자본주의의 전개 양상에 따라 분절할 수도 있습니다. 자유주의적 자본주의 시기에는 자율적 주인공을, 제국주의적 국가-자본주의 시기에는 타율적 주인공을, 후기-산업적 후기자본주의 시기에는 병적인 나르시시스트 주인공을 내세웠다는 식으로 말이지요.

한편 주체(특히 주인공)와 관계하는 '대상'의 형식에 따라 히치콕의 영화사를 분절하는 방식도 가능합니다. 첫째, 어떤 대상이 스토리를 작동시키는 하나의 순수한 구실로서의 역할만을 담당하는 맥거핀 자체로서 존재하는 경우(예를 들면 〈반드리카 초특급: 사라진 여인〉에 나오는 약호화된 멜로디), 둘째, 인물들의 관계 속에서 순환하는 담보물로서의 물질적 단편으로 존재하는 경우(예를 들면 〈이창〉에서의 결혼반지), 셋째, 불가능한 향유를 체현하는 물질적 대상인 경우(예를 들면 〈새〉의 새들이나 〈북북서로 진로를 돌려라〉의 러시모어 산)가 그러합니다.

그런데 지젝은 이러한 대상들과 관련한 모티브들이 히치콕의 여러 영화들에서 반복해서 나타난다는 데 주목하는데요.

이러한 반복적 모티브들을 어떻게 해석해야 할까요? 일단 지젝은 그것을 일종의 '원형'으로 보는 것, 즉 여러 영화에서 이 모티브들이 일관된 의미를 갖는다고 해석하는 방식은 거부합니다. 그것은 융 심리학의 관점에 입각해 있기 때문입니다. 반대로 여러 영화에서 반복되고는 있지만 그 모티브를 서로 무관한 것으로 취급하는 방식도 거부합니다. 그러한 반복 자체가 필시 어떤 의미를 갖는 현상(반복 강박!)인데 그렇지 않다는 듯 무시해서는 안 된다는 것입니다.

대신 지젝은 이 반복적 모티브들을 '증환(sinthome)'*으로 취급할 것을 제안합니다. 히치콕 영화들에 대한 거의 열광적인 해석가들은 특정 모티브들이 히치콕의 영화들에서 서로 공명하고 있으며 따라서 그러한 공명의 의미를 해석해낼 수 있다고 간주했는데요. 지젝의 입장은 그와 반대입니다. 이 모

---

* 라캉은 15~16세기에 symptôme(증상)이 sinthome이라 쓰이다가 이후 symptôme이라는 현대어 표기로 바뀌었음에 주목합니다. 발음이 같은 이 두 단어를 비교함으로써('증상에서 증환으로') 정신분석의 끝에서 분석 주체(피분석자)가 처하게 되는 상태를 설명하기 위해서입니다. 증상(symptôme)은 상징계의 효력 안에서 나타나는 '무의식의 암호화된 메시지'로서 해석을 요청하는 것이라면(무의식은 언어처럼 구조화되는 것이므로 무의식의 증상은 해석 가능하다), 증환은 상징계의 효력을 넘어서는 것이기에 언어로 해석, 해체될 수 없는 것입니다. 왜냐하면 증환은 주체가 대타자에게 의탁하지 않고 철저히 자신의 욕망에 따라 누리는 순수한 향유의 양태이기 때문입니다. 따라서 '정신분석의 끝'이란 분석 주체(환자)가 자신의 증환이야말로 그를 기존의 상징적 질서로부터 자유롭게 살게 해주는 자기 고유의 방식임을 인식하고 그 '증환과 동일시'하는 것을 가리킵니다. 그렇다고 해서 증환과의 동일시가 완전히 상징계를 벗어나자는 뜻은 아닙니다. 오히려 증환과의 동일시는 '기존의' 억압적 상징계가 아닌 '새로운' 상징적 질서를 창조하는 행위입니다.

티브들은 모든 해석에 저항하며 궁극적으로는 해석될 수 없다는 데 공통점이 있다는 것입니다. 그럼에도 불구하고 이 반복적 모티브들은 영화의 내용상에서는 어떤 공통점도 없는 영화들의 연결고리가 되어주는데요. 그 이유는 이 모티브들이 저 해석될 수 없는 향유와 시청각적으로 엮여 있기 때문이라는 것입니다. 따라서 관객들은 영화의 공식적 내용을 따라가다 말고 그 내용의 잉여처럼 나타나는 이 모티브의 디테일로 인해 그 영화가 정녕 무엇에 관한 영화인지를 통찰할 수 있게 된다는 것이지요.

예를 들면 〈나는 비밀을 알고 있다〉(1934)는 표면적으로는 단순한 스파이 영화지만, 그 이면에서는 매력적인 이방인 남자에게 매혹되어 동요하는 어머니로 인해 한 가족이 치러야 했던 대가라는 진실을 보여주는 영화입니다. 어머니가 매혹적인 외국인과 춤을 출 때 아버지와 딸의 탁자 위 스웨터의 실이 그 외국인의 연미복에 붙어 계속 뽑혀나오는 장면은 이 춤추는 커플이 가족관계를 위협하게 됨을 훌륭하게 함축하는데요. 여기서 그 스웨터의 실이 바로 공식적 내용을 이탈하는 잉여적 디테일로서 작용하고 있는 것이지요. 히치콕 영화의 미덕은 이러한 디테일을 내용으로부터 비약시켜서 '〈스트레인저〉의 핵심은 담배 라이터의 순환'이라거나 '〈나는 너무 많은 것을 안다〉는 두 번의 총 발사에 관한 이야기'라는 식으로 다소 엉뚱하지만 창의적인 해석적 전환을 즐기게 해주는 데 있습니다.

히치콕 영화는 얼핏 보기에 진부하고 익숙하고 단순합니다. 하지만 그런 영화들을 낯설게 만들면서 그 이면의 정교한 철학적 통찰을 드러내는 탐구와 해석이 영화 개봉 후 몇 십 년이 지나도록 이어지고 있는데요. 지젝은 그런 점에서 히치콕을 포스트모더니즘 작가라고 규정합니다. 모더니즘적 해석은 작품이 보여주는 '익숙하지만 낯선' 특징을 이해할 수 있게끔 설명하면서 고급화하는 방식으로 이루어지지만, 포스트모더니즘적 해석은 진부하고 익숙한 것을 오히려 낯설어 보이게 만드는데요. 히치콕 영화에 대한 비평과 해석이 끝없이 이어질 수 있는 이유도 그의 영화들이 겉보기에는 대체로 주류 상업영화의 관습을 따르기에 상당히 익숙함에도 불구하고 다양한 통찰과 해석을 끌어낼 원천이 되기에 충분하기 때문이라는 것이죠. 이와 더불어 히치콕 영화에 포스트모더니즘적이라는 수사를 부여할 수 있는 또 다른 요인들이 있는데요. 지젝은 히치콕 영화의 내용적, 형식적 차원에서 그 근거를 찾아냅니다. 첫째, 관객이 히치콕의 영화를 감상하고 소비하는 방식이 내용 자체 속에 포함되어 있다는 점에서 영화가 영화 보기의 알레고리처럼 기능한다는 점(예를 들면 〈이창〉이나 〈사이코〉처럼 영화보기의 관음증적 특징이 영화의 내용 속에 등장하는 것), 둘째, 아들이 정상적 성관계에 접근하지 못하게 만드는 모성적 초자아의 지배 아래 있는 남자 주인공들이 등장한다는 점이 그것입니다.

히치콕의 후기작인 〈사이코〉는 이러한 특징들을 가장 선명하게 보여주는 작품입니다. 다른 감독들이 2, 3, 4편을 발표하기도 했고 구스 반 산트 감독이 1998년에 리메이크작을 만들기도 했지요(비록 호평을 받지는 못했지만요). 또 많은 영화들에서 〈사이코〉의 유명 장면들, 특히 샤워 장면을 오마주했고요. 한마디로 말해 히치콕 영화 중에서도 포스트모던한 모방 문화의 중심에 있는 영화가 바로 〈사이코〉입니다. 여러분은 이 영화를 얼마나 재미있게 보셨나요? 어떤 소름 끼치는 정신분열증자의 이야기를 다루는 스릴러라고만 생각하셨나요? 지금부터 지젝의 분석을 파고 들어가려 하는데요. 이를 통해 '〈사이코〉가 이렇게 복잡하고 정교한 영화였던가?' 하는 즐거운 놀라움을 함께 나눌 수 있기를 바라봅니다.

〈사이코〉를 본 분들이라면 알겠지만 이 영화는 메리언 크레인을 중심으로 하는 부분과 노먼 베이츠를 중심으로 하는 부분으로 구성되어 있습니다. 지젝은 이것이 마치 거울 관계처럼 서로를 되비추면서 대립적인 의미를 함축한다고 주장하는데요. 일단 메리언(Marion)과 노먼(Norman)이라는 이름부터가 (정확히 들어맞지는 않지만) 서로의 철자를 뒤집어 읽는 듯한 느낌을 줍니다. 메리언이 속한 세계는 미국의 일상생활 세계인 반면, 노먼의 세계는 그 어두운 이면의 세계입니다. 자동차, 모텔, 경찰, 길, 사무실, 돈, 형사 같은 서사 요소들이 전자에 포함되고 유령이 나오는 성 같은 저택, 박제한 동물들, 미라, 계단, 칼, 틀린 옷들 같은 서사 요소들은 후자에 포함되죠. 이 두 세계를 만들어내고 통제하는 히치콕은 마치 창조주의 거울상과도 같은 존재인 셈이고요. 지젝은 히치콕이 대중 관객들과 게임을 벌이는 "자비로운 악한 신"의 역할을 수행한다고 설명합니다.

　일반적인 히치콕 영화는 평범하고 조화로운 일상 세계의 표면을 뒤집어 그 암울한 이면을 드러내는 방식으로 이야기를 전개하는 편인데요. 예를 들면 〈이창〉에서 주인공 제프리가 머무는 아파트와 그가 관찰하는 건너편 아파트는 정확히 그러한 표면과 이면의 관계를 공간적으로 구현하고 있죠. 제프리의 세계에서 시작된 이야기는 점차 그 이면의 세계에서 벌어지는 살인사건을 파헤치는 쪽으로 진행되고요. 그와 달리 〈사이코〉는 영화의 시작부터 근심과 불안과 무기력함으로 가득한 시간을 곧바로 보여줍니다. 메리언이 일상 세계에 속한 인물이기는 해도 그 세계가 결코 정상적이고 합법적인 공동체는 아니기 때문이죠. 그러니까 메리언의 세계는 재정 불안, 경찰에 대한 공포, 소소한 행복의 추구 등으로 나타나는 소외된 미국사회를 가리키고, 노먼의 세계는 그러한 미국사회 안에서 일어나는 병리적 범죄의 악몽 같은 세계를 가리킵니다. 〈사이코〉는 한마디로 이 두 세계의 충돌을 보여주는 영화로서, 관객에게 나쁜 것과 더 나쁜 것 사이에서의 선택을 강요하는 영화라고 말할 수 있겠네요.

　지젝은 메리언을 '아버지-의-이름'과 관계하는 주체로, 노먼을 '부성적 법에 종속되지 않은 어머니의 욕망'에 복속되어 있는 주체로 정의합니다. 다시 말해 메리언은 오이디푸스 콤플렉스를 극복하고 아버지의 이름으로 주어지는 법(근친상간 금지라는 최초의 법)을 수용하며 상징계로 들어온 인물인 반면, 노먼은 오이디푸스 콤플렉스를 극복하지 못하고 여전히 어머니와의 2자 관계라는 전(前)상징적 상태에 붙들려 있는 인물이라는 것이지요. 따라서 메리언의 세계와 노먼의 세계는 상징계 안에서 서로 대립하는 상태인 것이 아니라 아예 위상학적 차이로 인해 대립하는 상태임을 이해할 필요가 있습니다. 즉 메리언의 주체성은 언어를 통해 상징화되어 있지만 노먼의 주체성은 온전히 상징화되지 못하고 정신분열에 빠진 채로 실재의 차원을 체현하고 있다는 것입니다. 노먼은 저택이 상징하는 전통과 모텔이 상징하는 근대를 오가지만 양자 사이에서 매개자로서의 역할을 제대로 수행하지는 못하는데요. 노먼의 이러한 무력함이 곧 미국이라는 나라를 떠받쳐온 이데올로기의 무력함을 드러낸다고 지젝은 지적합니다.

그런 의미에서 메리언의 세계로부터 노먼의 세계로의 전환이 이루어지는 순간의 연출은 상당히 의미심장하게 읽히는데요. 메리언이 횡령한 돈을 돌려주기로 결심하고 샤워라는 정화의 의식을 수행하다가 노먼에게 살해당하는 바로 그 순간이 이를테면 뫼비우스의 띠가 꺾이면서 표면과 이면이 엇갈리는 순간이라는 것입니다. 이 샤워 씬은 핏물(실제로는 허쉬 초콜릿 시럽을 썼다고 하죠)이 배수구로 빨려 들어가는 클로즈업 숏이 죽은 메리언의 눈동자로 디졸브되면서 끝나는데요. 앞에서 우리는 원근법적 이미지를 사영기하학적으로 전도시키면 왜상을 얻게 됨을 확인하지 않았습니까? 저 배수구에서 소용돌이처럼 사라지는 물의 형상과 죽은 메리언의 크게 뜬 눈을 보여주는 익스트림 클로즈업 숏은 정확히 왜상의 효과를 보여주고 있죠.

죽음 직전에 분명 메리언은 실재의 차원으로부터 자신의 현실로 침입한 살인자 노먼을 보았겠지요. 이는 저 배수구-왜상 다음에 편집된 메리언의 눈동자가 상징적 현실을 보는 시선의 중심에 있는 것이 아니라 응시의 차원과 접속하고 있었다는 뜻입니다. 시선의 주체는 대타자의 욕망에 따라 보는 자

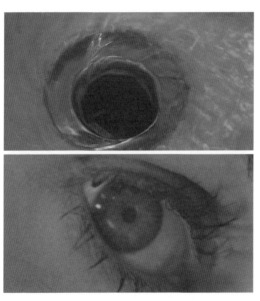

〈사이코〉의 샤워 씬에 나오는 익스트림 클로즈업 숏으로서 왜상과 응시를 보여주는 이미지들이다.

이기에 실상 눈먼 존재입니다. 그러므로 메리언은 죽음의 순간, 다시 말해 자신의 환상에 부합하도록 구성한 현실을 상실하는 순간 비로소 대타자의 대역으로서가 아니라 주체로서 눈을 뜨게 되는 셈이지요. 그렇다면 그 순간 메리언이 응시한 것은 무엇일까요?

피닉스로 돌아가 돈을 갚겠다는 메리언의 결심은 자신의 일탈 행위가 무너뜨린 현실을 위기로부터 구하겠다는 의지의 표현입니다. 그러므로 그녀가 상징계를 재구성하기 위해서는 무의식적 욕망의 실재(여기서는 불법적 탐욕!)를 봉합하고 은폐할 필요가 생겨나는데요. 메리언이 불안한 도피행각을 멈추고 상황을 횡령 이전으로 되돌리겠다고 마음먹은 바로 그 순간에 살해되었다는 그 절묘한 타이밍에서 지젝은 "이데올로기 비판적 조롱"의 효과를 읽어냅니다. 이데올로기란 환상으로서의 현실을 구성하기 위해 가동되는 일련의 믿음을 가리키는데요. 메리언이 상징계 안에서 어떻게든 사태를 수습할 수 있으리라 기대할 수 있었던 이유는 그녀가 상징계의 완결성에 대한 믿음을 갖고 있었기 때문입니다. 그러나 그 홀가분한 샤워의 순간 노먼이 난입하여 그녀를 살해했다는 점은 메리언의 믿음이 얼마나 허위적이고 자기기만적인 것인지를 단적으로 폭로하죠. 결국 메리언의 기대와 달리 그녀의 상징적 현실은 예기치 못하게 침몰해버립니다. 더불어 그녀의 육체마저도 노먼의 급습과 함께 활짝 벌어진 실재의 간극 속으로 삼켜지죠. 늪 속으로 빨려 들어가던 메리언의 자동차가 형

〈현기증〉 중 탐정 아보가스트의 죽음 장면으로, 버티고 숏의 효과로 인해 왜상의 느낌을 준다.

상화하듯이 말이죠.

　한편 〈사이코〉에는 샤워 살인 장면 외에도 응시의 차원이 형식화되는 또 다른 장면이 있는데요. 바로 사립 탐정 아보가스트의 죽음 장면입니다. 이 장면은 저택의 계단을 올라가는 아보가스트가 노먼의 칼부림이라는 '실재의 침입'을 당한 뒤 1층 바닥 쪽으로 떨어지는 상황을 오버헤드 앵글의 버티고 (vertigo) 숏*으로 찍은 것인데요. 이 숏은 줌인과 트랙 아웃을 동시에 써서 촬영한 것이라서 마치 아래로 떨어지는 인물을 향해 바닥이 솟아오르는 듯 이상한 시각적 효과를 만들어 냅니다. 그 결과, 카메라를 향해 눈을 부릅뜨며 허우적대는

---

* 줌 렌즈와 트래킹 숏을 동시에 사용하는 촬영술. 히치콕의 〈현기증(Vertigo)〉에서 최초로 사용되었기 때문에 버티고 숏이라고도 불립니다.

〈현기증〉의 엔딩 숏. 노먼과 박제된 어머니 이미지를 디졸브함으로써 상징적 자아상을 완전히 상실함을 보여준다.

아보가스트의 이미지는 우리에게 왜상의 느낌으로 다가오지요. 죽어가는 아보가스트의 '응시하는 눈'을 강조하면서 이미지를 일그러뜨리는 듯한 연출은 확실히 샤워 살인 장면에서 메리언을 보여주는 연출 방식과 흡사한 논리를 보여주네요.

그처럼 텅 빈 눈을 보여주는 연출을 우리는 엔딩 숏에서 다시 한 번 목격합니다. 그 주인공은 바로 노먼입니다. 박제된 어머니의 뼈만 남은 얼굴이 노먼의 얼굴로 디졸브되는 이 숏은 노먼이 어머니의 유령에 완전히 덮어 씌워진 채, 그나마 자신의 절반으로서 기능하던 상징적 자아상을 완전히 상실하고 실재의 얼룩으로서만 살아가게 될 것임을 섬뜩하게 예고하고 있습니다.

한편 응시와 함께 짚고 넘어가야 하는 부분이 바로 목소리를 비가시음성체로서 연출하는 경우입니다. 두 번의 살인 장면을 비롯, 노먼이 어머니에게 동일시하는 장면들에서 우리는 노먼의 어머니라고 가정된 인물의 목소리를 듣게 되는데요. 사실 그 목소리의 원천이 노먼이었다는 것은 영화가 거의 끝날 무렵에야 밝혀지죠. 따라서 관객들은 실체를 정확히 인지할 수 없는 채로 노인 여성의 목소리를 계속 듣게 되는데요. 노먼이 저 멀리 어딘가에서 어머니의 목소리로 말할 때, 그 목소리를 통해 우리는 결코 어떠한 상징적 기표에도 정박할 수 없는 노먼의 병리적 타자성을 느끼게 됩니다.

지금까지 우리는 〈사이코〉가 어떻게 상징계와 실재의 위상학적 차이를 무대화했는지를 살펴보았습니다. 대타자의 질서에 저항하는 주체라는 의미에서 히스테리적인 메리언과 어머니와의 분리에 실패한 주체라는 의미에서 정신증(정신병)적인 노먼, 그리고 그런 노먼에게 실제로 죽임을 당하는 메리언과 어머니-유령에게 먹혀 자신의 존재를 잃어버리는 노먼을 비교해보았는데요. 여기까지는 전적으로 영화 자체에 대한 이해를 돕기 위한 분석이었습니다. 그러나 지젝이 〈사이코〉에 주목하는 이유는 궁극적으로 〈사이코〉 내부의 인물들과 얽히게 되는 외부의 관객성을 논하기 위해서였습니다. 이제부터 그 논의를 따라가봅시다.

결론부터 말하자면, 히치콕은 〈사이코〉를 통해 관객들을 대상으로 가학증적 게임을 벌인다는 것이 지젝의 주장입니다. 관객들은 히치콕이 유도하는 대로 영화를 즐기는 과정에서 자기 내면의 분열적 욕망을 목도하는 당황스러운 순간들을 겪게 된다는 것입니다. 혹시 여러분도 〈사이코〉를 보면서 그런 순간을 만났나요? 아니라고요? 그렇다고 해서 '나는 둔감한 관객인가?'라며 위축될 필요는 없습니다. 이러한 경험은 '정신분석적으로', 즉 무의식적으로 일어나기 때문이죠. 하지만 그러한 경험의 계기들을 찾아내고 그 의미를 해명하는 것이야말로 정신분석적 영화비평 본연의 과제라 하겠지요.

지젝이 히치콕의 영화에서 발견한 가학증적 게임의 논리는 이러합니다. 히치콕의 영화 만들기는 관객들의 가학증적 욕망을 불러일으킬 덫을 놓는 과정입니다. 영웅적 주인공이 악당을 박살내려 할 때, 그 덫에 걸려든 관객들은 '완전한 존재'였던 악당이 고통스러운 최후를 당하기를 원하게 되지요. 악당의 고통을 즐기겠다는 '향유의지'가 마침내 관객을 꽉 채웠을 때, 히치콕은 그들의 가학증적 욕망을 간단히 실현시켜 버림으로써 관객들을 몰아넣었던 덫의 뚜껑을 닫아버립니다. 그 순간, 관객들은 자신이 욕망했던 수준 이상으로 악당에 대한 응징이 전개되자 자신이 (관객들을 가지고 논다는 의미에서) 진정한 가학증자인 히치콕에게 조종당했음을 알아차리게 되지요.

사실 관객의 욕망은 모순적이고 분열적인 것입니다. 악당의 처벌 자체는 법의 이름으로 요구될 수 있겠으나 관객들의 은밀한 욕망은 악당의 파멸을 위해서라면 법을 위반해도 상관없다는 수준으로까지 치닫기 때문이죠. 법의 정당한 집행과 법의 과도한 집행이라는 모순 사이에서 관객의 욕망이 오락가락하는 셈이지요. 그 결과, 악당의 파멸을 그토록 원했으면서도 막상 그것이 실현되고 나면 관객들은 그것을 욕망했던 자신에게 수치심을 느끼며 뒷걸음질 치게 됩니다. 그런 다음에는 마치 스스로를 죄의식에서 해방시키려면 그래야 한다는 듯, 히치콕의 영화가 이러하고 저러하다는 지식들을 쏟아내게 되지요. 자신의 과도한 욕망은 본인의 내면으로부터 생겨난 게 아니라 영화가 그렇게 유도한 결과라는 식의 면죄부가 필요한 탓이겠지요. 지금까지도 히치콕 연구가 끝없이 이어지는 것은 히치콕이 놓은 덫에 걸린 이들이 그렇게나 많았다는 증거라고나 할까요?

히치콕의 가학증적 게임은 중립적, 객관적인 관객성은 없다는 것을 토대로 가능해집니다. 관객은 늘 영화 속 특정 대상(관객의 욕망의 원인이자 대상인 '대상 a'로서 기능하는 대상)에게 감정을 전이하면서 일그러진 욕망에 사로잡히게 마련이라는 겁니다. 그리하여 히치콕 영화가 가장 법에 순응하는 듯 보일 때, 그 이면에서는 향유의 '위반적 양상'과의 근본적 동일시가 완성됩니다. 라캉에 따르면 상징계는 결코 총체적이고 자기완결적일 수 없습니다. 상징계는 반드시 실재(그것을 구멍, 얼룩, 결여, 과잉, 틈 중 어떤 것으로 부르든)를 중핵으로 삼아 구조화되기 때문이죠. 그런 의미에서 히치콕 영화는 이데올로기적인 꿈이자 환상인 현실이 그 현실을 만들어낸 주인공의 분열적 욕망으로 인해 언제나 이미 오염되어 있음을 훌륭하게 축도하고 있습니다. 히치콕 영화의 미스테리와 스펙터클은 오직 관객의 무의식적 욕망과 연결되어 있는 응시를 매혹시키기 위한 덫으로서 상연된 것입니다. 그 덫을 의식하지 못한 채로 영화를 보던 중, 관객은 영화의 서사적 현실 안에서 자신의 (의식적) 시선을 (무의식적) 응시로 전도시키는 계기를 만나는 것이죠. 그리고 그 과정에서 결국 자신의 무의식적 욕망의 실재를 의식하게 되는 것이고요. 그렇게 히치콕 영화는 라캉이 주장했던 '시선에 대한 응시의 승리'를 구현하게 됩니다.

그런데 〈사이코〉의 특징은 히치콕 영화가 일반적으로 보여주는 이러한 전복을 극대화시킨다는 데 있습니다. 영화의 서사는 처음에는 메리언, 그 다음에는 아보가스트, 샘, 라일라의 관점으로 옮겨가도록 유도하면서 진행되는데요. 결국 엔딩에 이르면 관객은 누구에게도 동일시할 수 없는 채로, 더 정확하게 말하자면 동일시 너머의, 언어로는 포획할 수 없는 주체의 심연과 동일시하는 채로 서사의 종결을 맞닥뜨리게 됩니다. 스토리 공간 안에 자리잡고 있는 이는 분명 노먼이지만 그의 몸은 이미 죽은 엄마에게 점유되어 있기 때문이죠. 다시 말해 거기에 있는 노먼은 상호주관성의 장(場)인 인간세계에 통합될 수 없는 유령적 존재가 되어 있는 것입니다. 그러므로 노인 여성의 목소리로 결백함을 호소하는 노먼의 최후 독백은 노먼의 정신병적 진실에 불과합니다. 관객의 입장에서 노먼의 이러한 위상학적 전환을 목도하는 경험은 마치 닭 쫓던 개 지붕 쳐다보는 격이라고나 할까요? 그러나 이것이 바로 히치콕 영화 중에서도 특히 〈사이코〉가 주목받아야 하는 이유라 할 수 있겠습니다.

이 엔딩 장면에서도 진정한 가학증자 히치콕의 게임은 계속됩니다. 노먼의 얼굴이 어머니의 해골로 디졸브될 때 노먼은 눈동자를 치뜨며 카메라를 바라보는데요. 지젝은 그 응시에서 '관객들이 그의 범행의 공모자임를 알고 있다는 듯 조롱하는 표정'을 읽어냅니다. 관객들이 노먼의 공모자라는 것인데, 무엇을 근거로 이런 주장이 나왔을까요? 메리언을 죽이고 나서 노먼은 그녀의 시신을 실은 차를 늪에 빠뜨립니다. 이때 차가 서서히 가라앉다 말고 잠시 멈추는데요. 차가 점점 물에 빠지는 것을 보고 있던 노먼에게 동일시된 관객은 그 잠깐 멈춤의 순간에 노먼처럼 불안해진다고 지젝은 분석합니다.

이와 관련해서 지젝의 설명은 더 이상 친절하게 이어지지 않는데요. 좀 더 부연하자면, 관객이 불안을 느끼는 이유는 일차적으로는 노먼의 시선에 관객의 시선 방향도 맞추어질 수밖에 없기 때문일 것이고(카메라와의 1차 동일시) 이차적으로는 아마도 메리언의 일탈에 대한 응징의 필요성에 관객들도 공감하기 때문일 것입니다(특정 등장인물과의 2차 동일시). 그러니까 노먼이 카메라를 똑바로 쳐다봄으로써 관객을 직접 응시하는 이 상황에서 관객은 법을 따르는 자아-이상의 중립적 시선의 주체가 아니라 노먼의 깊숙한 응시에 포착되는 대상으로 전환된다는 겁니다. 관객의 위상의 그와 같은 '전복'을 통해 관객의 욕망의 진실, 즉 노먼의 공모자의 위치에서 이 영화의 서사 진행에 참여해왔다는 점이 명확해집니다. 상징적 공동체를 벗어난 텅 빈 공백으로부터 노먼이 관객을 찌르듯 응시할 때 관객들이 내심 뜨끔해지는 것은 바로 이러한 이유 때문이라는 것이죠.

　상호주관성의 영역 너머에 있는 노먼이라는 인물을 통해 스토리와 스타일 모두에 걸쳐 실재의 침입을 형상화할 수 있었다는 점에서 지젝은 〈사이코〉를 히치콕 영화 중에서도 특별한 작품으로 취급합니다. 그럼에도 불구하고 불만스러운 점이 아주 없지는 않았는데요. 한마디로 정리하면 〈사이코〉는 "사물(Thing)을 주체화하지는 못한다"는 것입니다. 여기서 사물이란 상징화 너머, 즉 실재의 차원과 연결되어 있는 알 수 없고 접근할 수도 없는 X를 가리키는데요. 〈사이코〉에서 사물에 해당하는 존재는 바로 노먼의 어머니입니다. 그러나 히치콕은 어머니의 관점에서는 그 무엇도 이야기되지 않도록 서사를 구성했습니다. 즉 어머니는 노먼에 의해 주체가 되어 있지만 영화의 마지막까지도 스스로 자기 자신을 주체화하지는 못한다는 뜻이죠. 결국 엔딩 장면에서 자신이 얼마나 결백한 존재인지를 호소하는, 노먼을 완전히 잠식해버린 어머니의 존재가 등장하기는 하지만, 그 존재는 결코 어머니가 아니죠. 그뿐만 아니라 노먼이 어머니의 현신이 되어 살인을 저지를 때마다 희생자들은 신의-시점 숏에서 자신을 바라보는 어머니-노먼을 쳐다보게 되는데요. 살해 대상과의 이러한 거리감은 어머니의 참을 수 없는 사물성 혹은 타자성을 더욱 강화되는 효과를 생산하게 됩니다.

지금까지 〈사이코〉의 분석을 통해 히치콕의 영화세계를 짚어봤는데요. 여러분이 얼마나 지젝의 논리에 설득되셨는지 궁금하군요. 다음 장에서는 우리에게 좀 더 친숙한 한국영화를 분석해보고자 합니다. 산업화 세대가 경험했던 과거와 디지털 세대가 경험하게 될 미래를 연결함으로써 동시대 한국인들의 무의식을 좌우하는 욕망의 실재에 접근해보려는 것인데요. 다만 5장은 비평문으로서 제시되는 부분이므로 대화체의 형식을 취하지는 않겠습니다.

5장 한국영화, 한국인의
무의식을 만나다

1. 〈국제시장〉: 단단한 모든 것이 녹아 공중으로
사라지다

지난했던 현대사의 굴곡 속에서 애석하게도 우리는 그처럼 좋은 아버지를 가져보지 못했다. 나쁜 아버지와 더 나쁜 아버지, 혹은 무력한 아버지와 무능한 아버지 사이에서의 양자택일뿐이었다. 그러니 우리는 모두 아비 없는 자식과 다를 바 없었다. 어찌 설움이 없을 수 있으랴. 〈국제시장〉(2014)은 바로 이 불행한 자식들을 공략하는 영화다. 그러므로 이 영화가 이른바 산업화 세대만을 위무한다고 보는 관점은 이 영화의 폭넓은 동원력을 설명하지 못한다. 〈국제시장〉은 한국영화 역대 흥행 4위로, 최종 14,261,427명의 관객을 끌어들였다.

〈국제시장〉은 한국전쟁부터 베트남 전쟁까지 두 번의 전쟁을 통과하며 갖은 신고간난을 인내해온 한 아버지의 삶에 바치는 영화다. 1950년 12월 23일 흥남 철수의 시공간에서 급박하게 진행되는 이야기는 어떻게 어린 소년 덕수가 '가장'이라는 상징적 위임을 떠맡을 수밖에 없었는지를 알려준다. 전쟁이 난 것도, 동생들이 줄줄이 셋이라 장남인 그가 막순을 업어야 했던 것도, 또 그악스러운 어른의 손길에 막순을 잃게 된 것도 모두 소년의 책임은 아니었다. 그러나 그 모든 사태는 이후 그의 인생을 결정지었다. "아버지 오실 때까지"라는 단서조항은 끝내 해소되지 않았다. 결국 소년 덕수는 물론이고 청년 덕수, 어른 덕수마저 '대리-가장'의 위치에 고착될 수밖에 없었다.

가족에의 헌신은 덕수의 자발적 선택이었다. "힘든 세월에 태어나 이 세상 풍파를 우리 자식이 아니라 내가 겪는 게 참 다행이라고 생각한다"는 덕수의 편지는 그의 반듯함의 요약본이다. 반면 덕수의 동생들과 자식들은 참으로 몰염치하다. 가부장의 대를 이을 새로운 세대 가장의 출현은 어림도 없어 보인다. 〈국제시장〉은 그렇게 전쟁 세대의 아름다운 희생을 칭송하면서 은근슬쩍 세대 갈등을 조장한다.

그렇다면 왜 노인 덕수는 자신의 꿈은 물론 몸의 일부까지도 내주었건만 가족 안에서조차 환대와 존경을 받지 못하는가. 이것을 오직 싹수없는 젊은 세대의 탓으로만 돌리는 것은 온당한가. 영화는 노인 덕수의 괴팍함을 이렇게 변명한다. 외국인 노동자 커플을 괴롭히는 아이들에게 분노를 표출하는 것은 파독 노동자로서의 경험 때문이고 국제시장의 재개발 계획에도 가게를 넘기지 않으려는 것은 아버지의 귀환을 포기할 수 없기 때문이라고.

청년 덕수의 영웅성과 노인 덕수의 영락 사이에는 모종의 단절이 있다. 영화의 도입부에 작은 단서가 나온다. '알박기 하지 말고 가게를 팔라'던 청년들과의 실랑이 끝에 덕수가 내지르는 말. "내가 와 느그 아버지고?" 그렇다. 산업화 시대의 승리자이자 가족 영웅이었던 덕수는 결코 공동체의 영웅으로 성장하지 않았다. 그는 그저 소통에 무능하고 성질 불퉁한 노인네가 되어 있을 뿐이다. 그러므로 가족 여행을 떠나면서 손주들을 덕수 부부에게 맡기는 자식들에게 덕수가 "우리는 가족 아니가"라고 불평하는 상황은 영웅을 잃어버린 관객들에게 모호한 불편함을 안긴다.

오늘날 덕수를 저리 살게 만든 이는 그의 부재하는 아버지다. "이제부터 장남인 네가 가장이고 가장은 어떤 일이 있어도 가족이 제일 우선"이라던 아버지의 마지막 당부는 덕수에게 삶의 지표로 각인되었다. 덕수의 위험천만한 선택들은 이 아버지의 당부를 무조건적 명령으로 받아들인 결과다. 영화는 벽에 걸려 있는 아버지의 사진 액자 위로 덕수의 얼굴이 얼비치게 함으로써 아버지에 대한 덕수의 동일시를 시각화한다. 그렇게 덕수는 동생들을 지키고 '꽃분이네'를 지켜냈으며 잃어버린 막순이까지 찾아낸다. 마침내 아버지의 명령을 완수한 것이다.

정신분석은 아버지의 역할과 기능이 주체화의 과정에서 결정적이라고 가르쳐왔다. 아버지의 보편적 기능은 어머니를 향한 아이의 근친상간적 욕망을 상징적으로 거세하는 '금지'의 법을 부과하는 것이다. 이제 아이는 자신이 어머니의 욕망의 대상인 남근(phallus)이 될 수 없고 어머니 역시 남근을 소유하지 않음을 받아들인다. 그 결과 어머니와의 상상적 합일 상태에서 누리던 자의적 향유 대신 사회적으로 수용 가능한 다른 욕망 대상을 추구할 수 있게 된다. 아울러 아이는 어머니의 욕망 대상인 상징적 남근을 가지고 있는 아버지와의 상징적 동일시를 통해 사회적 질서 속으로 편입된다. 그런 식으로 아버지의 형상은 그 어떤 한계도 없이 (어머니와) 즐길 수 있는 가능성과 그러한 즐김의 현실적 불가능성 간의 교착상태로부터 아이를 구해준다. 우리는 이러한 아버지를 '오이디푸스적 아버지'라고 부른다.

덕수의 아버지는 결국 생환하지 못한다. 하지만 덕수에게 아버지는 삶의 매 순간 살아 있는 존재다. 독일의 광산에서 갱도가 무너져 석탄더미가 몰려오는 순간에도 그의 단말마는 "아버지!"다. 갱도 속에 고립된 채 생사를 오갈 때에도 그는 "아버지, 아직까지는 잘 지키고 있습니다"라며 자신의 생존을 아버지에게 고한다. 가족, 친구, 시장 사람들 모두와 불화하면서도 '꽃분이네'를 끝까지 포기하지 못한 것 역시 거기가 아버지와의 약속 장소이기 때문이다. 가부장으로서 가족을 잘 지킬 것을 명하는 아버지의 도구로서 그의 삶은 실로 빈틈 없었다. "아버지. 내 약속 잘 지켰지예? ... 이만하면 내 잘 살 았지예? 근데 내 진짜 힘들었거든예." 오열하는 덕수의 삶을 정당화해줄 이는 힘겨운 시간을 함께 지나온 친구나 가족이 아니라 오직 그의 마음속에서 가치의 보증자로서 살아 숨 쉬 던 아버지뿐이다.

덕수가 아버지의 인정을 요구한 그 순간, 영화는 마침내 아 버지를 화면 속으로 불러낸다. 이 환상 대화 장면의 의미화 방식은 상당히 흥미롭다. 카메라는 아버지가 남긴 두루마기 를 끌어안고 흐느끼는 덕수를 클로즈업한 뒤 그의 어깨 위쪽 으로 틸트 업해서 거울을 비춘다. 그러고는 소년 덕수와 젊은 날의 아버지가 나타난다. "니 을매나 씨게 고생했는지 안다. 내가 네게 영 고맙다." 이것은 덕수가 아버지라는 대타자의 욕망을 욕망하는 주체로서 완벽했다는 인정이다. 그런데 이 장면에서 이북 사투리를 써야 마땅한 아버지와 어린 덕수가 경상도 사투리를 쓰고 있음이 이채롭다. 이는 이 대화 장면이 노인 덕수의 자기복제적 환상임을 증거한다. '거울'의 은유는 그런 것이었다. 그렇다면 이 부자 상봉의 순간은 결여 없는 대타자에 대한 덕수의 믿음이 결여 없는 자기 자신에 대한 믿 음으로 확장되어 있었음을 보여준다고 해도 무방하다.

이후 카메라는 울고 있는 덕수가 있는 방 유리창을 빠져나 와 옆쪽 거실에서 재미있게 놀고 있는 가족들을 비춘 후 다시 패닝해서 부산의 밤풍경으로 나아가며 이 장면을 마무리한다. 주관에서 객관으로, 특수에서 보편으로 나아가는 이 숏은 덕수와 가족들 간의 간극을 포함하여 있는 그대로의 현실을 보여주는 객관적 숏으로 보인다. 하지만 미묘하게도 그 객관성은 모든 인정 의례를 마치고 떠나는 유령-아버지의 마지막 응시라는 주관성의 느낌으로 얼룩져 있다. 이 유령-아버지가 다름 아니라 노인 덕수의 자기복제적 현현이라고 할 때 이 객관적 숏은 사실상 노인 덕수의 주관적 숏의 성격을 띠게 된다. 다시 말해 덕수는 이제 주관적 시각성(시선)의 한계를 벗어나 세계 자체가 세계를 보는 객관적 시각성을 체현하게 되었다는 뜻이다.

이러한 시각성의 전환은 영화의 엔딩 씬에서 다시 한 번 반복된다. 바다가 마주 보이는 마당에 덕수 부부가 나와 앉아 있다. 이 장면은 영화의 도입부의 순환적 재배치이기도 하다. 서로의 꿈에 대해 이야기하던 끝에 덕수는 '꽃분이네'를 팔아도 좋다고 이야기한다. "인자는 못 오시겠지. 너무 나이 드시갖고." 여기서도 역시 덕수 부부를 보여주던 객관적 숏은 다시금 유령-아버지를 상기시키는 덕수의 대사와 함께 일단 주관화된 뒤 틸트 업해서 먼 부두 풍경으로 나아간다. 객관적으로는 틸트 업한 카메라의 높은 시점이 결코 앉아 있는 덕수의 시점일 수가 없다. 그럼에도 모든 것을 달관한 듯한 노인 덕수의 어조와 이승을 떠났을 아버지에 대한 언급은 아버지와 자신을 동일시하는 덕수의 시선이 이제는 유령-아버지만큼이나, 저 흰 나비만큼이나 자유롭게 객관세계를 넘나들 수 있게 되었다는 느낌을 불러일으킨다. 물론 한 인물 안에서 주관성과 객관성의 이러한 호환은 가능하지 않다. 모든 주체는 자신의 한정된 위치에서 주관적으로만 세계를 볼 수 있다. 그럼에도 덕수의 개별적 시선을 대타자의 보편적 응시로서 제시하는 것은 덕수의 향유가 나르시시즘적이라는 또 다른 증거가 된다.

주관성의 탈주관화 혹은 객관화는 서사의 수준에서도 이루어지는데, 이 또한 덕수를 결여 없는 존재로 만드는 데 일조한다. 〈국제시장〉의 첫 충격은 사실 흥남 철수의 아수라장에 대한 치밀한 재현에서 나온다. 덕수의 트라우마의 핵심은 그 와중에 업고 있던 동생 막순을 잃어버렸다는 것이다. 관객인 우리는 어떤 어른의 손이 어린 막순을 막무가내로 잡아채는 장면을 보았다. 하지만 어린 덕수는 열심히 붙들고 있다고 생각했던 동생이 옷소매 쪼가리로만 남았을 때 얼마나 황망했겠는가. 게다가 그로 인해 아버지와도 헤어졌으니 그 장면은 그에게 천추의 한으로 남은 기억이었을 것이다.

그렇지만 피난과 피난살이에 얽힌 어린 덕수의 트라우마는 어른 덕수가 참여한 또 다른 전쟁인 베트남 영화 속에서 완벽하게 재상연되고 또 해소된다. 어린 시절 미군에게 받은 초콜릿을 사수하기 위해 당했던 폭력의 기억은 베트남 아이에게 초콜릿을 주면서 치유된다. 또 갑작스러운 베트콩의 공격에 어린 여자아이가 물에 빠졌을 때에도 덕수는 물에 뛰어들어 아이를 구하는 데 성공할 뿐만 아니라 마을 사람들을 배에 실어 탈출시키기까지 한다. 이때 총을 맞아 다리를 절게 된 것은 어쩌면 아버지와의 이별의 원인 제공자였던 자기 자신의 죄의식을 덜어주는 자기처벌이었을 것이다. 그러므로 베트남에서의 사건은 흥남 부두 트라우마의 완전한 복기이자 치유다. 그뿐이랴. 미국으로 입양 갔던 막순이와도 KBS 이산가족 찾기를 통해 재회하면서 덕수를 괴롭혀온 모든 전쟁 트라우마는 사라진다. 지젝에 따르면 트라우마적 주체는 기존의 의미체계를 초기화시키고 새로운 질서를 재발명할 수 있는 순수 주체성을 구현할 수 있다. 하지만 덕수는 어머니의 인정과 참전의 경험을 통해 자신의 트라우마를 남김없이 해소한다. 이는 그가 자폭적 트라우마의 상태를 성공적으로 빠져나갔음을 의미한다.

한국전쟁과 베트남전 에피소드의 이러한 조응은 서사의 자기완결성을 위해 의도된 것이다. 그리고 이러한 의도는 이 영화에서 카메오처럼 등장하는 역사 속의 인물들에게도 동일하게 적용되고 있다. 영화는 정주영, 이만기, 앙드레 김, 남진의 '초짜 시절'을 보여준다. 배를 만들겠다는 포부나 드레스에 수를 놓겠다는 발상, 전장에서 흥얼거리던 노래의 취입 계획 등이 아직 아이디어에 불과할 때, 그들의 도전은 실패의 가능성을 동반하는 위험한 것이었다. 그러나 〈국제시장〉은 그들이 실존인물이며 따라서 관객이 이미 그 결과를 알고 있다는 텍스트 외적 지식과 함께 유희하는 한편, 텍스트 내부에서도 이 세 인물의 도전이 실패할 여지를 말소시켜버린다. 마치 영화 속 숨은그림찾기처럼 TV와 신문과 슬쩍 스쳐가는 이미지 디테일들을 통해 눈 밝은 이들은 어쨌든 그들이 이후 역사에 남을 성공적인 인물이 되어 있음을 확인할 수 있는 것이다. 이처럼 덕수의 사적 경험 속에 등장했던 인물들이 공적인 미디어에 유명인사가 되어 재등장하는 것은 다시금 덕수의 주관적 경험을 객관적으로 역사화하는 데 기여한다. 〈포레스트 검프〉의 역사적 콜라주에서 주인공 검프는 상징화된 역사의 잔여, 대타자의 결여를 체현하는 실재적 인물이었다. 반대로 〈국제시장〉의 역사적 콜라주에서 덕수는 잔여 없는 상징화, 대타자의 결여 없음을 체현하는 인물이다.

이 영화의 개봉 직후 항간에는 이 영화가 정치적 사건들을 내용에서 배제하는 방식으로 보수 이데올로기의 편에 선다는 비판이 있었다. 예를 들면 〈국제시장〉은 부마사태와 광주항쟁을 다루지 않으며 서울대에 입학한 동생 민규가 연루되었을 수 있는 학생운동사를 전하지 않는다. 이에 대해 윤제균 감독은 여러 인터뷰에서 〈국제시장〉은 상업영화이며 따라서 논란의 여지가 있는 내용을 일부러 피했다고 밝혔다. 영화를 보기 전, 그의 대답은 충분히 설득력 있게 느껴졌다. 특정 인물이 모든 역사를 다 경험할 수도 없을뿐더러 반드시 그럴 필요도 없기 때문이다. 그러나 영화를 보고 나서 내 생각은 바뀌었다. 이 영화가 보수적이라는 평가는 옳았다. 단, 내용이 아니라 형식의 차원에서.

〈국제시장〉은 모든 서사 사건들을 시작과 종결로 조응시키는 방식으로 전체 서사를 구획한다. 예를 들면 같은 민족끼리 총질했던, 미국의 힘에 빌붙어 생존했던 한국전의 트라우마적 기억을 베트남전에서 한국군이 구원자의 역할을 수행하는 것으로 조응시킨다. 또 정주영 회장이나 앙드레 김 같은 역사적 인물들의 도전적 발상을 물질적 성공의 스토리로 조응시킨다. 그러나 이러한 서사적 배치는 사건(알랭 바디우가 말한 의미에서)의 열린 의미화 가능성과 무한한 자기부정의 계기들을 봉쇄한다. 그리하여 한국전쟁에서 미국의 역할, 한국군의 베트남전 참전과 재벌의 발흥, 3S 산업과 우민화 정책에 대한 역사적 평가를 이러한 서사적 통합성의 관습에 따라 '대충 수습'한다.

거기에 더해진 코믹 모드와 눈물 효과는 그렇게 수습된 역사의 이데올로기적 효과를 얼버무리는 장치다. 물론 〈국제시장〉은 역사의 시간 속으로 직행해서 관객에게 엄청난 카타르시스를 전달한다. 도입부에서의 흥남부두를 비롯, 영화는 정확히 숭고미에 호소하는 장면들을 펼쳐놓는다. 그런데 집채만 한 파도가 주는 숭고미를 향수할 수 있으려면 그 파도를 마음 놓고 구경할 수 있는 거리 밖에 있어야 한다. 마찬가지로 우리는 모든 사태가 이미 종료되었으며 과거의 시간은 현재의 자신에게 전혀 위협적이지 않다는 안도감을 내장하고서야 비로소 카타르시스를 누릴 수 있다. 그렇다면 느린 속도와 장엄한 음악과 익스트림 롱 숏으로 이루어진 회피할 길 없는 눈물의 미학은 저 파괴적인 역사적 시간이 현재로 넘어오지 못하도록 시간의 현전성을 통제하려는 노력이 아니고 무엇이 겠는가. 이런 상업성은, 아무래도 좀, 비겁하다.

지젝에 따르면 나쁜 아버지를 좋은 아버지로 바꾸기 위해 '내가 왜 당신이 말하는 그런 사람이라는 거지요?'라고 끊임 없이 질문하던 근대 민주주의의 시민 주체, 히스테리적 주체 의 시대는 갔다. 지금은 자본주의라는 대타자에게 복종하며 상품물신주의의 노예가 되는 도착적 주체성의 시대다. 도착 증의 시대에 오이디푸스적 아버지는 허약하고 무능하며 사실 상 부재중이다. 아이들은 그를 상징적 권위의 담지자가 아니 라 상상적 경쟁자로 지각한다.

덕수가 파독 광부로 선발되기 위해 애국가를 부르자 모두 가 따라 부르게 되는, 아내와 베트남 참전 문제로 다투다가 도 덩달아 국기에 대한 경례를 하는 상황이 이 영화에 웃음 포인트로 안배되었다는 사실은 오늘날 상징적 권위의 실추 를 단적으로 노출한다. 모든 것을 즐기되 자아의 통합성을 무너뜨리지는 않는 선에서 후퇴할 것. 그 절묘한 줄타기를 수행 중인 도착적 자식 세대에게 아버지 세대의 비장하고 엄 숙한 역사를 그저 또 다른 즐길 거리로서 갖다 바치는 영화. 그것이 〈국제시장〉의 상업성의 요체다. 그런 의미에서 부산, 마산, 광주를 잇는 민주주의의 마지노선을 이 영화가 소재로 끌어들이지 않은 것은 그 피의 역사가 아직은 즐길 만한 것 이 아님을 영악하게 간파하고 있다는 뜻이다. 〈국제시장〉의 상업성이 구사한 '배제'의 전략은 역설적이게도 진정 치열했던 한국 민주주의의 역사에 대한 '존중'의 표현일 수도 있는 것이다.

상징적 권위의 실추라는 문제와 관련해서 가장 흥미로운 분석 대상은 바로 덕수 캐릭터다. 이 영화의 기획의도는 젊은 세대는 알 리 없는 어른들의 역사를 이야기해주면서 조국의 산업화를 완성한 아버지 세대에게 영광을 돌리겠다는 것이다. 그러나 영화산업이라는 시장 메커니즘은 그러한 의도를 절묘하게 훼손한다. 덕수는 아들이자 아버지다. 아들로서 덕수는 도착적으로 자신의 아버지에게 매여 있지만 덕수의 아이들은 그를 오이디푸스적 아버지로 취급하면서 무시한다. 그렇게 덕수는 위대한 가족 영웅과 안쓰러운 비사회적 퇴물로 분열된 채 과거와 현재를 끊임없이 오가는 플롯에 분산 배치된다. 그러므로 천만 관객의 대기록은 영화 바깥의 수많은 '오이디푸스의 아이들'이 덕수의 이 이중화된 위상과 동일시하거나 탈동일시하면서 만들어낸 다양한 순열 조합의 결과다.

덕수라는 분열적 캐릭터를 통해 〈국제시장〉은 마치 이렇게 말하는 것만 같다. '이것은 뻔한 영웅주의 계몽선전 영화가 아니야. 이것은 어디에나 흔한, 너무 부유하지도, 너무 명예롭지도, 너무 인자하지도 않은 네 아버지에 관한 영화야.' 그러나 덕수에 대한 관객들의 감정은 모순적일 수밖에 없다. 생존의 숙제와 온몸으로 맞붙어 싸웠던 그의 승리에 공감과 공경의 박수를 보내면서도, 그가 아무런 트라우마도 결여도 없는 괴물이 되어 군림할 가능성은 결단코 환영할 수 없기 때문이다. 그래서 마련된 반전들. 다리를 절룩이며 걷는 노인 남자의 쓸쓸한 뒷모습은 위협적이지 않다. 가족사진을 찍으면서 혼자만 눈을 감는 어리숙한 오빠는 위협적이지 않다. 손주들마저 할머니에게로 몽땅 달려가는 바람에 벌렸던 품 안이 민망해지는 할아버지는 결코 위협적이지 않다. 이것이 바로 한 번도 좋은 아버지를 가져보지 못하고 나쁜 아버지에 대한 경계심만을 역사적으로 학습한 자식들을 다루는 〈국제시장〉의 방식이다. '단단한 모든 것은 녹아 공중으로 사라지게 마련.* 자, 이제 즐길만하지? 뭉클하지?'

2. 2010년대 분단영화: 통일이라는 자본주의적 소망

한국인은 정말로 통일을 원할까? 2000년대 이전의 한국 영화사에 분단영화라 할 만한 것은 없었다. 대신 그 자리를 차지한 것이 반공영화였다. 70년대에 절정을 이뤘다가 80년대에 주춤했던 반공영화는 1998년 〈쉬리〉로 재등장한다. 이 영화는 대성공을 이뤘지만 여전히 남과 북의 적대가 핵심 모티브였고, 북측의 여자와 남측의 남자는 맺어지지 못했다.

---

* "All that is solid melts into air." 칼 마르크스는 '공산당 선언'에서 근대의 붕괴를 이렇게 표현했다. 이 글에서 나는 사라지는 그것을 산업화 시대 아버지의 존재에 빗대고자 했다.

그러다가 분단영화사의 새로운 물꼬를 튼 영화가 〈공동경비구역 JSA〉(2000)다. 남북 간 반목과 대결의 얼룩을 지워나가는 일이 얼마나 지난할지를 알려주는 파국적 엔딩임에도 불구하고, 휴전 상태의 최전선에서 빛나던 형제애의 순간들은 따뜻한 통일을 상상할 수 있게 해주었다. 이러한 '관점의 대전환'은 새로운 분단영화 사이클의 시발점이 되었고 그에 합류하는 영화들이 속속 나타나기 시작한다. 2000년대 이후 만들어진 대략 40여 편의 분단영화 중 〈태극기 휘날리며〉(2004 · 11,746,135명), 〈웰컴 투 동막골〉(2005 · 6,436,900명), 〈한반도〉(2006 · 3,880,308명), 〈의형제〉(2010 · 5,507,106명), 〈고지전〉(2011 · 2,945,137명), 〈베를린〉(2013 · 7,166,199명), 〈은밀하게 위대하게〉(2013 · 6,959,083명), 〈용의자〉(2013 · 4,131,248명), 〈연평해전〉(2015 · 6,043,784명), 〈인천상륙작전〉(2016 · 7,049,643명), 〈공조〉(2017 · 7,817,446명), 〈강철비〉(2017 · 4,452,740명), 〈공작〉(2018 · 4,974,512명), 〈백두산〉(2019 · 8,252,669명) 등이 대략 300만 명 이상의 흥행에 성공한다. 그중 12편은 한국영화 역대 흥행 100위 안에 포함된다.

〈연평해전〉, 〈인천상륙작전〉처럼 문제의식의 결이 다른 경우도 없지는 않으나, 성공한 분단영화들의 공통점은 '우리는 원래 하나임'을 역설한다는 데 있다. 분단영화들, 특히 2000년대에 나온 영화들을 지배하는 논리는 대략 세 가지로 압축된다. 첫째, 남북 간의 우정 혹은 이웃-관계는 국가

〈공동경비구역 JSA〉의 한 장면. 김일성 부자의 사진을 프레임 아웃함으로써 통일의 과제를 탈정치화한다.

와 정치 권력의 존재를 배제한다는 전제 아래 성립될 수 있다. 〈JSA〉에서 주인공들이 함께 사진을 찍는 장면의 편집은 통일을 상상하면서 탈정치적일 수 있음을, 아니, 탈정치적이어야만 통일을 상상할 수 있음을 문자 그대로 보여준다. 서로 주소를 나눠 가진 남북한 병사들(송강호, 이병헌, 신하균)은 어깨동무를 하고 카메라 앞에 선다. 그런데 배경에 있는 김일성, 김정일 부자의 초상화가 프레임 안으로 들어오자 남성식 일병(김태우 분)은 계속 카메라와 병사들의 위치를 조정한다. 마침내 세 사람이 프레임을 꽉 채우는 구도가 만들어지자 셔터가 터진다.

둘째, 이웃-관계를 유지하게 해주는 핵심은 경제적 교환이나 지원을 통한 연대다. 〈웰컴 투 동막골〉 촌장님의 명대사, "뭐를 많이 맥여야지"는 곧 통일한국이 지향할 바를 압축한다. 이를 위해서는 먼저 남과 북이 서로 가진 것을 나누어야한다. 그것은 〈JSA〉나 〈고지전〉에서처럼 이런저런 물건들이나 먹거리일 수도 있고 〈동막골〉에서처럼 노동력일 수도 있으며 〈은밀하게 위대하게〉에서처럼 돈일 수도 있다. 대체로 주는 쪽은 남쪽 사람들이라는 점은 남한이 갖고 있는 우월감과 통일비용에 대한 부담감을 누설한다.

셋째, 분단이 초래한 적대를 확인하는 순간, 가까스로 맺어진 이웃-관계는 해체되고 비극적 종결로 치닫는다. 〈JSA〉의 서사는 그런 의미에서 '원형'이 되었고 이는 이후 〈고지전〉, 〈베를린〉, 〈은밀하게 위대하게〉 등의 영화들에서 유사하게 반복된다. 분단상황을 잊고 지내던 와중에 '실재의 침입'이라 불러 마땅한 사태로 급발진하는 이러한 종결은 휴전 자체가 휴화산 같은 것이며 잠정적 평화는 위험을 내장하고 있음을 애써 상기시켜준다.

물론 의미 있는 변주와 전환의 시도도 함께 이루어졌다. 이를테면 〈동막골〉에서처럼 최후 결전의 상황에서도 남북한 군인들과 연합군의 은밀한 대동단결이 이루어지거나 〈의형제〉

위에서부터 〈고지전〉, 〈웰컴 투 동막골〉, 〈은밀하게 위대하게〉. 남북간 이웃-관계의 핵심은 경제적 지원과 교환에 있다.

에서처럼 남한과 북한 출신 주인공들의 재회가 영국행 비행기 안에서 이루어지는 후일담을 덧붙여 '열린 해피 엔딩'을 선사하는 식으로 말이다. 특히 〈의형제〉의 서사는 강박적으로 파국을 선언하던 2000년대식 경향을 벗어나 통일이라는 소망의 충족을 전경화하는 2010년대식 경향으로 전환하는 계기가 된다. 그 결과, 남북 간의 본격적인 협조를 도모하는 영화들이 2010년대 분단영화의 대세를 이루게 된다.

그러나 비극성의 탈피를 가능하게 만들기 위해서는 몇 가지 전제들이 필요했다. 우선 남북 출신의 적대적 주인공들이 화해하고 공존하려면 '법'의 제약으로부터 어느 정도는 자유로울 수 있어야 한다. 〈베를린〉에서 남측 정진수(한석규 분)가 북측 표종성(하정우 분)을 호송하다가 표종성이 도주할 수 있게 해주는 것이나 〈공작〉에서 북측 리명운(이성민 분)가 남측 흑금성(황정민 분)의 신분을 알아차렸음에도 위기에 빠진 흑금성의 북한 탈출을 돕는 것은 모두 자신이 속한 체제의 이해관계를 따르지 않는 선택이다. 그로 인해 결정적으로 자신의 안정적인 위치가 위협당할 수도 있다. 그러나 논리적으로 설명할 수 없는 어떤 우정, 혹은 동지애가 그러한 위험을 감수하도록 이끈다.

또한 전체 서사를 이끌어갈 주요 사건들은 한반도라는 '영토'를 벗어나는 경향이 있다. 〈베를린〉은 제목 그대로 베를린이, 〈백두산〉은 중국이 주요 무대다. 〈강철비〉는 휴전선 근처의 땅굴에서, 〈강철비 2〉는 동해의 잠수함에서, 〈백두산〉은 지하 폐광에서 결정적인 사건들이 발생한다. 〈PMC: 더 벙커〉의 경우, 주요 인물들이 휴전선 근처의 지하 벙커로 모여들면서 이야기는 시작되고 그 절정에 이르러서는 비행기를 타고 올라가 공중에서 지상으로 낙하하면서 위기를 해결한다. 관객의 시선을 원근법적 공간감으로부터 완전하게 해방시키는 〈PMC〉의 공중 장면에서 함께 떨어지고 있는 킹과 킹의 주치의 윤지의(이선균 분)를 확인하는 에이헵(하정우 분)의 방향 잃은 눈길은 그대로 실재의 차원을 헤매는 응시로 인식된다.

　외국의 어딘가가 우리의 영토가 아님은 자명한 사실이다. 하지만 땅굴, 지하 벙커, 심해, 혹은 어느 도시의 상공은 그래도 한반도의 영토에 속하지 않는가, 당연히 질문할 수 있다. 맞다. 어떤 국민도 그곳에서 살고 있지는 않지만 이 공간들은 물리적으로 영토의 일부임에 틀림없다. 하지만 위상학적으로 구분하자면 이 공간들은 기존의 상징적 질서가 제대로 작동하지 않는 곳, 요컨대 실재의 간극에 해당하는 곳이다. 이 간극의 훼방으로 인해 상징적 현실은 매끄러운 총체성을 가장하며 봉합될 수 없다. Ex Nihilo Nihil. 무로부터의 창조. 통일시대를 창조하기 위해서는 일단 멈춤, '무'의 차원으로 들어가야 한다. 그래서 분단영화들은 자꾸만 일상생활이 지배하는 영토의 한계를 벗어난다. 딴 나라 영토로, 땅속으로, 공중으로, 모든 익숙한 것 대신 매 순간이 사건의 시발점인 곳으로, 나의 생존에 통일민족의 생사가 걸린 시공간으로. 역사의 핏줄이라 할 그곳을 창조의 긴장감으로 팽창한 리비도가 내달린다.

　통일시대를 상상하기 위해 이처럼 낯선 공간이 필요하다는 사실은 남한과 북한으로 나뉜 채 운영되어온 국가 시스템의 기능 부재를 노출한다. 빈곤한 북한은 부패로 찌들었고, 부유한 남한은 이전투구로 찌들었다. 북한은 평등을 추구했으나 획일적 권위주의가 판치는 정치권력을 확립했고, 남한은 자유를 추구했으나 분열적 각개전투가 난무한 시장권력을 확립했다. 그렇다면 두 체제의 부정적 현재를 극복하고 긍정적 미래를 조성하는 작업은 어떻게 가능한가.

분단영화의 과제는 통일이라는 대의와 통일된 공동체를 감각하게 해주는 것이다. 아마도 가장 진부하면서도 효과적인 대리보충의 방법이 '(유사-)가족'을 만들어내는 일일 것이다. 〈쉬리〉나 〈남남북녀〉(2003), 〈그녀를 모르면 간첩〉(2004), 〈국경의 남쪽〉(2006), 〈풍산개〉(2011) 같은 영화는 러브 스토리를 통일 시대의 가족 만들기(의 실패)와 겹쳐놓는, 어쩌면 가장 단순한 상상을 선택한다. 그러나 2010년대의 선택은 이보다는 좀 더 복잡하다. 먼저 영화들은 로맨스 스토리의 간지러움을 지워낸 자리에 버디 무비(buddy movie: 주로 남성 단짝의 위기 극복 스토리를 가리킴)의 강인함을 새겨넣었다. 〈의형제〉, 〈공조〉, 〈강철비〉, 〈공작〉 등이 보여주듯, 청춘 남녀의 애틋한 감정 교환에서 통일 조국의 알레고리를 찾던 경향은 청장년 남성들의 믿음직한 형제애에서 새로운 알레고리를 찾아낸다. 물론 '사랑'은 모름지기 동서고금 모든 인기 서사를 구동시키는 에너지다. 대중 장르 영화로서 그 힘을 포기할 수는 없다. 따라서 분단영화들은 미혼남녀의 미숙하고 위태로운 커플 만들기를 기혼남녀의 성숙하고 견고한 가족애로 바꾸어서 변신을 완성한다. 그리하여 한 편의 영화는 하나의 위대한 (유사–)가족을 (재)구성하는 이야기로서 탄생한다(물론 여기서 가족이란 부부와 아이를 포함하는 핵가족의 범위를 넘지 않는다).

여기서 유의할 점 하나. 가족 공동체가 새롭게 만들어진다는 것은 그 이전에는 가족이 없었거나 문제가 있었다는 뜻이다. 분단영화에는 남측 주인공과 북측 주인공이 등장한다. 따라서 영화는 두 사람 중 적어도 한 사람의 가족은 이혼이나 별거 등의 이유로 해체되어 있다고 설정한다. 그러나 당면한 문제들을 해결하는 과정에서 어느 한쪽이 희생양이 되어 사라지면 사라진 이의 가족은 살아남은 이가 돌보게 된다. 이러한 가족 모티브의 발전에 영감을 준 영화는 역시나 〈의형제〉다. 이한규(송강호 분)는 가족과 떨어져 혼자 살아가는 중년 남이고 송지원(강동원 분) 역시 떠돌이처럼 살아가는 싱글남으로 보인다. 그러나 영화의 엔딩 숏에서 재회한 한규는 영국에 있는 가족을 만나러 가는 길이고 지원은 탈북한 아내와 아이를 동반하고 있다. 가족관계의 복원은 곧 희망의 복원이다.

분단영화의 가족 서사는 〈베를린〉과 〈강철비〉의 가족 해체 서사라는 과도기를 거쳐 〈공작〉, 〈백두산〉, 〈강철비 2〉의 가족 재건(혹은 재회) 서사로 나아갔다. 〈베를린〉에는 북한 측의 가족만이 등장한다. 임신한 아내(전지현 분)의 변절을 의심하는 남편(하정우 분)의 오해와 그에 이어지는 아내의 피살

사건으로 인해 아이를 둔 단란한 가족이 되기 일보 직전에 가족은 해체된다(아마도 엔딩에서 암시했던 후속편이 나왔다면 이 비극적 가족 이야기는 새로운 희망으로 에둘러졌을지도 모르겠다). 〈강철비〉에는 남측 곽철우(곽도원 분)의 가족과 북측 엄철우(정우성 분)의 가족이 등장한다. 곽철우의 가족은 이혼으로 인해 영화의 도입부에서부터 해체되어 있었고 엄철우의 가족은 엄철우가 선택한 비장한 죽음으로 인해 결국 해체된다. 〈공작〉의 경우, 남측의 이중간첩인 흑금성(황정민 분)은 공작원이 되기 위해 신용불량자가 되어 차압을 받는 등 신분을 세탁한 뒤 가족을 떠나 중국에서 작전을 수행해야 한다. 후일 신분을 들킨 후 그는 6년간 수감된다. 반면 북한의 고위층 리명운(이성민 분)에게는 상류층 생활을 누리는 안락한 가족이 있다. 〈백두산〉에서는 북측 리준평(이병헌 분)이 수용소에 있는 동안 아내는 마약 중독자가 되어 있고 딸은 친척 집에 방치되어 있다. 반면 남측 조인창(하정우 분)에게는 출산일까지 꼭 돌아와야 한다고 신신당부하는 만삭의 아내(배수지 분)가 있다. 준평이 장렬한 죽음을 선택한 뒤 영화의 엔딩 숏. 인창의 세 가족과 준평의 딸 순옥이 밥상에 둘러앉아 있다. 〈강철비 2〉에서는 유일하게 한국 대통령(정우성 분)의 가족관계만이 등장한다. 대체로 나랏일을 근심하느라 잠 못 이루던 대통령과 영부인(염정아 분)의 관계는 사적인 듯 공적이다. 대통령이 잠수함에 갇힌 상황에서 서사의 대부분이 진행되기 때문에 영부인과 딸의 모습은 국민들과 함께 대통령의 안위를 기도할 때 외에는 드러나지 않는다.

분단영화에서 가족의 헤어짐은 정확히 분단의 알레고리다. 따라서 통일의 가능성이 확보되지 않는 한 원만하고 행복한 가족관계는 보장될 수 없다. 남측이 됐든 북측이 됐든 버디 주인공들 중 하나 혹은 둘 모두의 가족은 이별이나 별거, 심지어 죽음의 상황에 대처해야 하며 필히 위기에 빠져 있던 가족관계를 복원해야 한다. 〈백두산〉에서처럼 인창이 순옥을 딸로 받아들인다는 스토리는 '우리는 하나의 핏줄'이라는 단일민족의 환상을 문자 그대로 실현한다.

그러나 이러한 가족 은유가 아름답고 감동적이기만 한가? 〈강철비〉에서 전처가 전남편의 위기상황에 조력자로 나서고, 평화와 통일을 위해 남편이 목숨을 바친 것조차 아내가 뒤늦게 통보받는다는 것은 이 영화가 통일국가라는 공적 대의를 가족이라는 사적, 일상적 경험의 상위에 두었음을 의미한다. 대부분의 분단영화에서 확인되는 이러한 위계의 관점은 과연 동의할 만한가? 왜 통일의 제단에는 계속해서 희생양이 바쳐져야 하는가? 만일 그 자리가 나에게로 떠밀려 온다면? 자연스럽게 생겨나는 이러한 의구심으로 인해, 〈강철비〉나 〈백두산〉이 과감하게 상상했던 통일의 당위성은 환호나 감동과 동시에 두려움과 불안을 자아낸다. 통일의 길이 저토록 남성적, 전근대적, 폭력적이라면 하지 않는 게 낫겠다는 은밀한 소망을 배양한다. 그렇다면 분단영화는 얼마나 반통일적인 영화인가.

가족을 다루는 방식 외에도 최근 4~5년간의 분단영화들은 몇 가지 공통점을 보여준다. 우선 다소 충격적인 점은 한국영화에서, 그것도 2000년대로 들어서면서부터 간신히 사진으로 재현되던 북한 최고 지도자(김정은)가 〈강철비〉에서부터는 '실물 인간'으로서 재현되기 시작했다는 점이다. 그러나 북한 정권 내부의 문제 등으로 인해 그는 완전히 무력한 상태다. 이를테면 〈강철비〉의 '1호'는 총상을 당한 후 코마 상태이고, 〈PMC: 더 벙커〉의 '킹' 역시 총상을 당한 후 의식 없는 상태다. 〈공작〉에는 실제 김정일 위원장과 흡사해 보이도록 특수분장한 김정일이 등장하지만 무언가를 결정해야 하는 순간 그는 우유부단하고 무원칙하다. 한편 〈백두산〉에서는 화산폭발이라는 재난을 앞두고 북한 지도부 전체가 어딘가로 도피해서 아예 나오지 않는다. 〈강철비 2〉에 등장하는, 김정은으로 가정되는 인물은 지도자로서는 너무 어리고 감정적이며 당연히 문제해결 능력이 없다.

이처럼 최근 분단영화는 이 북한 지도자를 오직 부재의 기표로만 처리한다. 전쟁과 분단의 역사는 트라우마로 남았기에 휴전 이후 남한에서는 어떻게든 이 트라우마적 기억을 망각하게 하는 방식으로 '우리끼리 행복한 현실'이라는 환상을 구성해왔다. 그러므로 김정은의 존재가, 더욱이 남한 영토상에 그가 나타났다는 것 자체가 분단 트라우마를 직격하는 사건이다. 정신분석적으로 보면 3+0=3이라는 계산법은 맞지 않다. 무의식적으로 억압된 저 0의 차원으로 인해 등호 앞의

3과 뒤의 3은 위상학적으로 다른 3이 되기 때문이다. 남한 어딘가에 나타난 무(無)로서의 김정은은 저 0과 같다. 그의 의식 없는 육체 자체가 환상을 일그러뜨리는 실재의 구멍이자 오점이 된다.

영화는 이 북한 지도자의 존재를 맥거핀 삼아 흘러간다. 서사의 기본 목표는 죽은 것과 진배없는 북한 지도자에게 실체적, 사회상징적 생명력을 되돌려주는 것이다. 한마디로 이 인물을 사실상 '부활'시켜 북으로 돌려보내는 과제를 완수하는 것이 이야기 전체의 얼개가 된다. 결국 북한 지도자는 남한에 경제적 지원은 물론이고 목숨을 빚지는 정도의 형제애적 수혜를 입게 된다. 사실 분단 트라우마의 핵심은 '형제끼리 총질했다'는 것으로 압축된다. 따라서 〈태극기 휘날리며〉 이후 분단영화들이 형제애의 복원을 지속적으로 강조해왔다는 것은 분단 트라우마를 치유하기 위한 노력이었다. 가족애의 재구성은 형제애의 재구성에서 비롯된다고까지 말할 수 있다. 이제 분단영화는 최후의 형제로서 북한의 최종 권력자인 김정은을 선택한 셈이다.

그런데 여기서 이런 의문이 생긴다. 왜 통일로 가기 위한 대화의 상대가 꼭 김정은(으로 상상되는 인물)이어야 하는가? 중국에 의존하는 북한 내 쿠데타 세력(〈강철비〉)이나 김정은을 암살하려는 미국(〈PMC: 더 벙커〉)이 악당으로 설정되는 것은 그럴 수 있다 하자. 하지만 왜 꼭 김정은이 우리가 살려내고 구출해야 하는 마지막 형제로서 상상되어야 하는가? 일차적으

〈강철비〉. 중앙에 누워 있는 인물이 총상을 입고 의식을 잃은 김정은이다.

로는 그러한 서사적 배치가 현실을 반영한 것이라 답할 수 있을 것이다. 하지만 극영화는 다큐멘터리가 아니다. 역사적 상상력을 '덜' 발휘하는 데에는 분명 그러고자 하는 다른 이유가 있다. 자신을 배신한 유대인들을 두고 예수는 '(의식 수준에서) 저들은 자기가 하는 일을 알지 못하니 용서해달라'고 신에게 빌었지만 지젝은 '(무의식 수준에서) 저들은 자기가

〈PMC: 더 벙커〉. 의식이 없는 김정은을 구출하기 위해 비행기에서 떨어뜨렸다.

하는 일의 의미를 일부러 모르고자 한 것이니 용서받을 수 없
다'고 답하지 않았던가.

아마도 북쪽에 있는 궁극의 형제로서 김정은이 늘 소환되
는 것은 일단 남북한의 현 상태에 예기치 못했던 변화가 일어
나는 것에 대한 대중들의 심리적 부담감 때문이리라 해석된
다. 분단 문제는 목전의 현실이며 그것이 예측 불가능한 범위
로 넘어가는 것은 상상하기조차 싫은 일인 것이다. 동시에 김
정은을 살려내야 한다는 특명은 북한 권력의 정점에 있는 인
물의 생명이 온전히 남한의 수중으로 넘어올 만큼 무력하기
를 소망한다는 뜻으로도 읽힌다. 이러한 소망은 이중적이다.
어찌 보면 북쪽 권력자 김정은의 운명을 남쪽에서 좌우할 수
있다는 지배욕의 소산이지만 달리 보면 김정은을 미숙한 아
이처럼 간주하고 연민하는 역설적 호의의 소산이기도 하다.
이렇게 되면 통일의 과정은 남쪽에서 관리하는 김정은의 성
장 드라마가 된다. 70년대 반공영화가 김일성을 재현 불가능
한 절대악으로 간주했던 것과 비교하면 이 얼마나 놀라운 변
화인가. 하지만 남한 대중의 냉전 이데올로기 극복이 북한(의
경제적, 정치적 현실)에 대한 압도적인 우월감을 기반으로 가
능했다는 점은 우리의 성찰을 요구한다. 이러한 나르시시즘
적 태도는 당장 현실에서도 그 부적합성이 검증되고 있거니
와, 대화 상대에 대한 존중을 결여한다는 점에서 반통일적이
기 때문이다.

물론 영화에는 북한 지도자의 부재나 무력함을 상쇄하는

강력한 대리물이 존재한다. 바로 핵무기다. 2000년대 분단 서사의 핵심은 핵무기를 누가 가질 것인가에 있다고 해도 과언이 아니다. 안기부 요원의 스파이 활동도 북한 내 핵무기 동향을 알아내기 위해서이고(〈공작〉) 북한이 '1호'와 맞바꾸는 것도 절반의 핵무기이며(〈강철비〉) 북한 내 쿠데타를 저지하고 북미 간 평화협정을 이끌어내는 것도 핵무기 사용의 문제 때문이다(〈강철비 2〉). 나아가 백두산의 화산 폭발이라는 생태 위기를 해결하는 것도 핵무기다(〈백두산〉). 핵무기는 협상의 대상이라는 점에서 상징적이고, 북한이 주장하는 바와 상관없이 항상 어딘가에 더 많이 숨겨져 있다고 가정된다는 점에서 상상적이며, 필시 현실의 잠정적 평화를 무너뜨리며 한민족은 물론 인류를 멸망시키리라고 가정된다는 점에서 실재적이다.

북한 지도자를 부활시켜 북으로 돌려보낸다는 것은 남근적 사물(Thing)로서의 실재적 핵무기를 상징적 핵무기로 순치시킴을 의미한다. 관리하고 통제할 수 있다면 핵무기는 한민족이 외세로부터 자유로워질 수 있게 해줄 만능키로서 한민족 공동의 자산이 될 수 있다. 더구나 실제로 사용하는 것이 절대적인 금기이기에 핵무기의 사용가치는 제로로 수렴하지만 그 교환가치는 그 무엇으로도 가늠하기 어려울 만큼 무한히 확대될 수 있다. 논리적으로는 노동 없이도 무한대의 가치 창출이 가능한 21세기 자본주의의 이상에 가장 부합하는 사물이다. 핵무기를 매개로 해서 통일의 역사적 이상은 그렇게 물화(物化)되고 자본화된다.

이제 김정은의 부활을 성공시키는 영웅의 존재에 대해 생각해보자. 최근 4~5년간 나온 분단영화의 주인공들이 공유하는 특징이 있다. '그'는(그렇다. 그들은 모두 남성이다!) 자기가 속한 체제에서 일종의 아웃사이더라는 점이다. 분단영화 서사에서 가장 경계하는 국가는 미국과 중국이다. 따라서 우리의 영웅들은 미국이나 중국에 대해서는 늘 의심하고 거리를 둔다. 그들은 북한에도 남한에도 제대로 속해 있지 않으며 심지어 자신이 속한 국가의 지배 집단에게 적대시되기까지 한다. 그들의 직업을 보라. 암살자이거나 간첩이거나 용병이다. 그들에게 일관된 정체성이란 없다. 예를 들어 〈강철비〉의 엄철우는 한때 북한군 내 최정예 요원이었으나 죽음이 멀지 않은 암환자로서 진통제인 아편에 의존해 살아가던 중 과거 상사의 명으로 암살 임무를 받게 된다. 〈PMC: 더 벙커〉의 조인창은 한때 남한 최고의 특수부대원이었으나 현재는 미국의 불법체류자로서 글로벌 군사기업의 캡틴이다. 〈공작〉의 흑금성은 안기부 소속이긴 하나 비밀리에 신분을 세탁하고 북한 최고위층에 접근한 간첩이다. 〈백두산〉의 리준평은 중국과 남한 사이를 오가며 활약한 북한의 이중간첩으로서 어느 진영에도 충성하지 않는 인물이다.

흥미로운 사실은 이처럼 남북한 정권의 이해관계와는 무관하며 육체적, 정신적으로 망명 상태나 마찬가지인 이 외부인 혹은 경계인들이 결국에는 최후의 자기파괴적 희생양이자 구원자로 나섬으로써 한반도에서 일어날 파국의 위기를 해결한다는 것이다. 엄철우는 북한의 쿠데타 대장과 함께 자폭한다. 조인창은 자신이 지휘하던 부대원을 모두 잃어가면서까지 '킹'과 킹의 주치의를 구해낸다. 흑금성은 남한 정권의 변화 과정에서 안기부에게 배신당하고 국가보안법 위반으로 처벌받았음에도 남북한 합작 광고 제작을 실현시킨다. 〈백두산〉의 리준평은 핵무기를 터뜨리며 자폭함으로써 백두산 폭발이 초래할 위험을 최소화한다.

'공백'으로서의 북한 지도자와 '희생양/구원자'로서의 서부 극적 영웅은 뫼비우스의 띠처럼 연결되어 있다. 북한 지도자의 상징적 위치가 작동하지 않아야만 분단체제에 대한 희생적 영웅의 실재적 파괴력이 작동할 수 있다. 그 파괴의 순간은 역사의 혁명적 열림이 가능해지는 순간이다. 하지만 영웅의 자기파괴적 희생은 개인의 선택인 것으로 축소되고 부활한 북한 지도자의 재상징화로 종결된다. 잠시 동안의 역사적 열림 또한 북미 정전협정이나 남북 대화의 장면으로 봉합된다. 더불어, 상징적 죽음과 실재적 죽음 사이에 있던 북한 지도자의 자리를 대리하던 강력한 핵무기의 파괴력은 평화를 위한 도구로 순치된다.

2010년대 중후반, 왜 우리에게는 이러한 서사가 필요했을까? 양쪽에서 모두 타자화된 존재만이 통일의 궁극적 주체일 수 있다는 것은 남과 북 어느 한쪽이 통일을 주도해서는 안 된다는 것(비록 남한 쪽 주인공이 저 희생자-구원자-영웅을

지근거리에서 거들기는 하더라도)을 의미한다. 이것을 통일이라는 중차대한 역사적 과업 앞에서의 회피 기제로 이해해야 할까, 아니면 이 과업의 성공과 새로운 통일조국의 건설은 기존의 모든 권력구조로부터 자유로워야 한다는 역사적 타자성의 지향으로 이해해야 할까? 분단영화들은 오늘도 이 두 욕망 사이에서 진자운동 중이다.

다시 처음의 질문을 던져본다. 한국인은 과연 통일을 원하는가? 2000년대 이후, 특히 최근 4~5년간의 분단영화는 형제애와 가족의 은유를 통해 남북이 서로의 결여를 딛고 아름답게 하나 되는 미래를 꿈꿔왔다. 50년대부터 70년대까지 계속된, 북한을 적성국가로 취급하고 형제자매에게 총부리를 겨누던 영화들에서 이만큼의 진전이 이루어진 셈이다. 그런데 남북한의 현 상태를 기본적으로 인정하고 점진적 교류와 협상을 이어가면서 통일의 물꼬를 키워나가자는 서사는 우리에게 이미 친숙한 것이기도 하다. 김대중 정부 이래로 민주당에서 추진해온 통일정책의 방향에 상당 부분 부합하기 때문이다. 문익환 목사의 방북과 김대중 대통령의 방북이 주었던 충격을 돌이켜보면, 21세기 분단영화의 역사적 상상력은 현실의 변화를 좀 더 재미있게 추수했을 뿐이라는 아쉬움을 남긴다.

그러나 더 문제적인 것은 우리의 이웃이 아닌 '어떤 영웅'의 손에 난관 극복의 미션을 떠넘겨놓고 그 열매는 우리가 챙기겠다는 심사다. 분단영화가 끌어내려는 감동은 이러한 계산속에 덧입혀진 당의정으로 느껴진다. 그렇다. 한국인은 통일을 원한다. 단, 북한의 입장은 완전히 공백인 한에서만, 나는 아무 손해도 입지 않는 한에서만, 그럼에도 그 반사이 익은 내가 누릴 수 있는 한에서만. 이 얼마나 반통일적인 욕망인가.

나오는 글

후유우. 마침내 끝났다. 뒤통수를 늘 따갑게 했던 책이었다. 이런저런 개인 사정도 훼방꾼 노릇을 했지만, 무엇보다 '영화와 정신분석'이라는 가제 자체가 자꾸만 길을 잃게 했다. 고민의 출발점은 '사람들은 이 제목을 보면서 어떤 내용을 기대할까?'라는 질문이었다. 답안은 즉각 떠올랐다. 하지만 거기에 나를 맞추기가 어려워 보였다. 이 궁리 저 궁리, 조금 써놓고 또 궁리, 다른 급한 일을 하다가도 또 궁리, 그러면서 몇 년이 훌러덕 지나갔다. 결국은 내가 공부해서 알고 있는 것을 쓸 수밖에 없다는 너무나 자명한 결론이 찾아왔다. 겸손한 마음으로 제목을 '영화비평과 정신분석'으로 바꾸었다. 그러나 마지막 장에서 또 길이 막혔다. 어떤 영화를 골라 어떤 주제로 비평할지, 선택의 폭이 너무 넓었다. 뭔가 멋을 부리고 싶었던 것 같다. 그러나 역시나, '소나무를 벗어나지 못하는 송충이'의 깜냥으로 전체 얼개를 완성했다. 부족하고 아쉬운 대로 내가 나 아닐 수 없는 이대로를 짐짓 무념히 세상에 내보낸다.

맨 처음 지젝의 책(『삐딱하게 보기』)을 번역한 게 1995년이다. 정신분석 공부, 시작은 우연이었고 전개는 호기심이었고 지금은 관성이 되어 있다. 우리의 만남(tuche!)은, 음, 계단식이었다고나 할까? 흥미롭지만 어려워서, 만나다 말고 만나다 말고, 그렇게 오랜 시간을 끌며 정들었다. 지금도 어디 가서 정신분석을 공부했다 말하기는 민망하다. 다만, 지젝과 라캉을 통해 1990년대와 2000년대와 2010년대, 모든 시대의 변화가 설명되는 게 신기했고, 설득되었고, 그래서 한때의 유행이 아닌 공부거리로 받아들일 수 있었다. 그렇게 '정신분석과 영화와 나'는 한 무더기가 되어 서로를 더 잘 이해하게 되었다. 지나간 시간을 이 공부에 쓴 게 돌아보면 참으로 다행스럽다.

이 책에 담은 내용을 요약하면 이렇다. 당신이 애써 추구하는 현실은 당신의 환상의 결정체이며 그 환상은 언제든 실재의 침입과 함께 무너질 수 있다. (대중)영화는 언제나 동시대 사람들이 공유하는 환상 혹은 믿음의 기반을 드러내는 바, 영화비평은 그 기반을 침식시킬 실금들을 찾아내 그 모양과 깊이와 크기를 따지고 그것이 왜 생겼으며 어느 방향으로 갈라져 나갈 것이며 어떤 덧방으로 가려질 것인지, 이 모든 난리법석이 우리에게 어떤 (무)의식적 효과를 발휘할지를 알려주는 작업이다. 이와 같은 정신분석적 영화비평을 배양해온 힘은 적어도 세상이 조금 더 살 만한 곳이기를 희망하는 이들에게서 비롯되었다. 그 이론의 역사 속에 균일한 방향성이 없었던 것은 오히려 이러한 작업의 지속 가능성을 가리키고 있다.

아모르문디 영화 총서 기획자인 김윤아 선생님께 가장 먼저 감사드린다. 나도 내가 이렇게까지 속을 썩이는 필자가 될

153

줄은 몰랐다는 말로 뻔뻔하게 이 순간을 기념해본다. 아무튼 우리의 동료애는 계속되는 걸로. 아모르문디 출판사의 김삼수 발행인께 그다음 감사를 보낸다. 과연 원고를 보내올 것인가, 계약금을 들고 먹튀할 것인가, 적이 궁금하셨을 것이다. 내가 그렇게까지 나쁜 사람은 아니라는 말로 부끄러움을 감춰본다. 아모르문디여, 영원하라! 마지막으로 '박씨 세미나' 멤버들에게 감사한다. 하다 말다 하다 쉬다를 반복해온, 지금은 '쉬다'의 순서에 봉착해 있는, 심심하면 한 번씩 이름을 바꾸며 변혁을 꿈꿔온 우리의 세미나는 나에게는(나에게만?) 힐링 캠프였다. 무엇보다도 '박씨'를 터뜨려 석사가 되고 박사가 되어 번성할 구성원들에게 우주만물의 에너지가 풍성하게 임하길 기원한다. 진짜 마지막으로, 우물 안에서 오락가락하는 내게 언제나 우주의 진리를 보여주는 모든 벗들이여, 부디 강녕하시라.

살아오는 동안 불평불만도 많았지만 냉정히 돌아보니 (이 책을 쓰는 작업이 그랬듯이) 돌밭길로 보였던 그 길은 꽃길이었다. 감사하고 또 감사한다. 언제나 적합한 자리에서 적합한 쓰임새로 살고 싶다.

2021년 8월

김소연

■ 참고문헌

Barry Salt, "Film Style and Technology in the Forties," *Film Quarterly*, Fall 1977.

Barry Salt, "The Last of the Suture?," *Film Quarterly*, Summer 1978.

Daniel Dayan, "The Tutor Code of Classical Cinema," *Movies and Methods*, ed. by Bill Nichols, Univ. of California Press, 1976.

Dylan Evans, *An Introductory Dictionary of Lacanian Psycho -analysis*, Routledge, 1996.

Editors of Cahiers du Cinéma, "John Ford's *Young Mr Lincoln*," *Screen*, vol. 13, issue 3, Autumn 1972.

Elizabeth Cowie, *Representing the Woman*, Macmillan, 1996.

Hasan Gürkan, "Feminist Cinema as Counter Cinema: Is Feminist Cinema Counter Cinema?," *Online Journal of Communication and Media Technologies*, vol. 5, issue 3, July 2015.

Jacques Lacan, *Seminar VII: The Ethics of Psychoanalysis 1959-60*, ed. Jacques-Alain Miller, trans. Dennis Porter, W. W. Norton & Co., 1992.

Jacques Lacan, *Seminar VIII: Transference 1960-1961*. trans. by Cormac Gallagher. unpublished.

Jacques Lacan, *Seminar XIII: The Object of Psychoanalysis 1965-1966*, trans. by Cormac Gallagher, unpublished.

Jacques-Alain Miller, "Suture," *Screen*, vol. 18, no. 4, Winter 1977-78.

Jean-Louis Baudry (1975), "The Apparatus: Metapsycholo-
    gical Approaches to the Impression of Reality in
    Cinema," *Film Theory and Criticism: Introductory
    Reading*, Leo Braudy & Marshall Cohen, Oxford
    University Press, 1999.

Jean-Pierre Oudart, "Notes for a Theory of Representation,"
    *Cahiers du Cinema 1969-1972: The Politics of
    Representation*, ed. by Nick Browne, Harvard Univ.
    Press, 1990.

Jean-Pierre Oudart, "The Reality Effect," *Cahiers du Cinema
    1969-1972: The Politics of Representation*, ed. by Nick
    Browne, Harvard Univ. Press, 1990.

Noel Carroll, *Mystifying Movies: Fads and Fallacies in
    Contemporary Film Theory*, Columbia Univ. Press, 1988.

Peter Wollen, "Godard and Counter Cinema: *Vent d'Est*,"
    Afterimage, no. 4, Autumn 1972.

Richard Allen, *Projecting Illusion: Film Spectatorship and the
    Impression of Reality*, Cambridge Univ. Press, 1995.

William Rothman, "Against 'the system of suture'," *Movies and
    Methods*, ed. by Bill Nichols, Univ. of California Press,
    1976.

김보경, 「이미지 아카이브 매체의 구조와 해석에 대한 정신분석학적 고
    찰: 프로이트의 정신 지형학과 표상 운동 이론을 중심으로」, 고
    려대 석사논문, 2014.

김상환 · 홍준기 외, 『라깡의 재탄생』, 창작과 비평사, 2002.

김석, 『프로이트 & 라캉: 무의식의 초대』, 김영사, 2010.

김소연, 『사랑의 내막: 라캉의 눈으로 김기덕을 보다』, 자음과 모음,

2017.

김효선, 「유클리드 기하학에 기초한 원근법의 성립 불가능성과 사영 기하
학에 기초한 원근법의 성립 가능성」, 『비교문화연구』, 9권 2호,
2005.

데이비드 노먼 로도윅, 『현대영화이론의 궤적』, 김수진 옮김, 한나래,
1999.

데이비드 보드웰, 『영화의 내레이션』, 오영숙 옮김, 시각과 언어, 2007.

로라 멀비 외, 『성·미디어·문화: 여성과 커뮤니케이션』, 김훈순 옮김,
나남출판, 1997.

로버트 랩슬리·마이클 웨스틀레이크, 『현대 영화이론의 이해』, 이영재·
김소연 옮김, 시각과 언어, 1995.

로버트 스탬 외, 김소연 외 역, 『어휘로 풀어읽는 영상기호학』, 시각과 언
어, 2003.

로버트 스탬, 『영화이론』, 김병철 옮김, 도서출판 K-books, 2012.

리처드 러쉬톤 & 게리 베틴슨, 『영화이론이란 무엇인가?』, 이형식
옮김, 명인문화사, 2013.

믈라덴 돌라르, 「첫눈에」, 『사랑의 대상으로서 시선과 목소리』, 슬라보예
지젝·레나타 살레츨 엮음, 라깡정신분석연구회 옮김, 인간사랑,
2010.

박제철 외, 『라캉과 한국영화』, 도서출판 b, 2008.

브루스 핑크 외, 『성관계는 없다』, 김영찬 외 편역, 도서출판 b, 2005.

브루스 핑크, 『라캉과 정신의학』, 맹정현 옮김, 민음사, 2002.

수잔 헤이워드, 『영화 사전: 이론과 비평』, 이영기 옮김, 한나래, 1997.

스티븐 히스, 『영화에 관한 질문들』, 김소연 옮김, 울력, 2003.

슬라보예 지젝 외, 『항상 라캉에 대해 알고 싶었지만 감히 히치콕에게 물
어보지 못한 모든 것』, 김소연 옮김, 새물결, 2001.

슬라보예 지젝, 『비딱하게 보기: 대중문화를 통한 라캉의 이해』, 김소연.

유재희 옮김, 시각과 언어, 1995.

슬라보예 지젝, 『진짜 눈물의 공포』, 곽현자 외 옮김, 도서출판 울력, 2004.

이성민 외, 『라캉과 지젝: 정치적, 신학적, 문화적 독법』, 글항아리, 2014.

자크 라캉, 『세미나 11: 정신분석의 네 가지 근본 개념』, 맹정현·이수련 옮김, 새물결, 2008.

자크 라캉, 『에크리』, 홍준기 외 옮김, 새물결, 2019.

장 라플랑슈·장 베르트랑 퐁탈리스, 『정신분석 사전』, 임진수 옮김, 열린책들, 2005.

장 피에르 우다르 외, 『사유 속의 영화』, 이윤영 엮고 옮김, 문학과지성사, 2011.

조운 콥젝, 『여자가 없다고 상상해봐: 윤리와 승화』, 김소연 외 옮김, 도서출판 b, 2015.

지그문트 프로이트, 『꿈의 분석』, 김인순 옮김, 열린책들, 2016(1997).

지그문트 프로이트, 『성욕에 관한 세 편의 에세이』, 김정일 옮김, 열린책들, 1996.

지그문트 프로이트, 『예술, 문학, 정신분석』, 정장진 옮김, 열린책들, 1996, 2011(11쇄).

지그문트 프로이트, 『정신분석학의 근본 개념』, 윤희기·박찬부 옮김, 열린책들, 2017(1997).

크리스티앙 메츠, 『상상적 기표: 영화·정신분석·기호학』, 이수진 옮김, 문학과 지성사, 2009.

클레어 존스턴, 「대항영화로서의 여성영화」, 『페미니즘/영화/여성』, 유지나·변재란 외 엮음, 주진숙 옮김, 여성사, 1993.

홍준기, 「르네 마그리트 회화 분석: 라캉 예술론의 관점에서」, 『철학과 현상학 연구』, 40호, 2009년 봄호.

홍준기, 『오이디푸스 콤플렉스, 남자의 성, 여자의 성』, 아난케, 2005.

후안-다비드 나지오, 『자크 라캉의 이론에 대한 다섯 편의 강의』, 임진수 옮김, 교문사, 2000.

후안-다비드 나지오, 『정신분석학의 7가지 개념』, 표원경 옮김, 백의, 1999.